Cocina con ajo

Cocina con ajo

65 recetas con uno de
los ingredientes más saludables

Jenny Linford

Fotografías de Clare Winfield

5 tintas

Dedicatoria
Para mi madre y mi padre, con amor.

Diseño principal Sonya Nathoo
Edición Gillian Haslam, Alice Sambrook
Control de producción David Hearn
Dirección de producción Patricia Harrington
Dirección artística Leslie Harrington
Dirección editorial Julia Charles
Publicación Cindy Richards

Estilismo culinario Rachel Wood
Asistencia de estilismo Jo Harris
Dirección de fotografía Christina Borsi
Indexación Hilary Bird

La edición original de esta obra ha sido publicada
en el Reino Unido en 2016 por Ryland Peters & Small,
con el título

Garlic

Traducción
Ariadna Guinovart Caballé

Copyright © de la edición original, el diseño
y las fotografías, Ryland Peters & Small, Inc., 2016
Copyright © del texto, Jenny Linford, 2016
Copyright © de la edición española,
Cinco Tintas, S.L., 2016
Diagonal, 402 – 08037 Barcelona
www.cincotintas.com

Impreso en China
Código IBIC: WBT

ISBN 978-84-16407-20-0

Notas
• Todos los huevos son de tamaño mediano, a menos
que se especifique lo contrario. Los huevos crudos o
semicrudos no deben servirse a ancianos, enfermos,
niños pequeños, mujeres embarazadas o personas
con un sistema inmunitario vulnerable.
• Cuando una receta requiera raspadura de limón,
compre frutas sin cera y lávelas bien antes de usar. Si
sólo encuentra fruta tratada, friéguela bien con agua
templada con jabón antes de usarla.

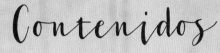

Contenidos

INTRODUCCIÓN **6**
Tipos de ajo 8

CAPÍTULO UNO Suave **10**
Preparación y almacenamiento del ajo 12

CAPÍTULO DOS Radiante **32**
Ajo para la salud 34

CAPÍTULO TRES Reconfortante **62**
Folclore del ajo 64

CAPÍTULO CUATRO Ardiente **84**
Conozca a los cultivadores de ajo 86

CAPÍTULO CINCO Salvaje **108**
Cultivo del ajo 110

CAPÍTULO SEIS Festivo **132**
Festivales dedicados al ajo 134

ÍNDICE **156**

AGRADECIMIENTOS **160**

Introducción

El ajo es atrevido. Su persistente aroma y su potente sabor —que llena cada pequeño diente de ajo— han despertado fuertes sentimientos a lo largo de la historia. Se trata de un ingrediente que, a veces, la alta sociedad ha despreciado y muchas religiones de todo el mundo han tenido en mala consideración. Por otro lado, la extraordinaria habilidad del ajo para transformar y vigorizar cualquier plato lo ha convertido en un condimento esencial en las cocinas de todo el mundo. Su popularidad universal tiene una cualidad claramente democrática; se ha comido con placer por los pobres en muchos países a lo largo de los siglos y era conocido por las antiguas grandes civilizaciones, entre ellas la china, la india, la egipcia, la griega y la romana.

Su nombre en inglés, «garlic», tiene su origen en la palabra anglosajona «gar», que significa «lanza», en referencia a la forma de sus hojas, aunque se cree que la planta es originaria de Asia Central. También conocido como *Allium sativum*, el potente sabor del ajo se libera prensándolo y troceándolo. Uno de los placeres de cocinar con él es aprender a ajustar el nivel de la «potencia del ajo» según sea necesario. Por ejemplo, mantener un diente de ajo entero hace que el sabor sea menos potente que si lo cortáramos en trocitos, con el fin de infusionar sutilmente un plato sin pasarse de la raya. Si freímos un diente de ajo entero en aceite, luego lo descartamos y utilizamos este aceite aromatizado para cocinar, conseguimos un método efectivo de añadir un sabor distintivo de manera discreta. Meter un diente de ajo entero en el interior de un pollo antes de asarlo tiene el mismo efecto, como también lo tiene añadirlo en una cocción a fuego lento. Restregar un diente de ajo pelado por una ensaladera es una manera clásica y elegante de añadir unas notas de ajo.

Cuando me pidieron que escribiera este libro, me emocioné. Hace algunos años, me di cuenta de que todos mis platos preferidos contenían ajo, así que mi afecto por este extraordinario condimento es profundo y perseverante. Hay tantas maneras diferentes de utilizar el ajo que, cuando me vino la inspiración, no sabía cuáles elegir. Francesa, italiana, española, libanesa, india, portuguesa, china... Hay muy pocas cocinas en el mundo donde el ajo no tenga una función. Es un ingrediente auténticamente cosmopolita que aparece en muchos de los platos clásicos del mundo, desde una pasta carbonara casera de Italia o unos rústicos ful medames de Egipto, hasta un lujoso coq au vin francés y un aromático curri verde tailandés. Al escribir este libro, también he incluido ingredientes con aroma a ajo, como el ajo tierno o puerro salvaje y el cebollino chino, bajo el argumento de que ellos también merecen un lugar en esta celebración del ajo.

De precio asequible y fácil de encontrar en todas partes, el ajo es un ingrediente de uso cotidiano, casi humilde, e incluso, cuando nos paramos a pensar en ello, extraordinario. Si tuviera que escoger un ingrediente para llevármelo a una isla desierta, sería el ajo.

Tipos de ajo

Ajo

Conocido en botánica como *Allium sativum*, hay dos subespecies principales de ajo (de cuello duro y de cuello blando) y otras variedades que pueden encontrarse en verdulerías, tiendas de delicatessen y mercados de agricultores. El potente sabor del ajo se desprende al romper los dientes, pues produce compuestos que contienen azufre. El ajo se vende en bulbos o cabezas, y cada uno contiene dientes separados envueltos en una piel como de papel.

Ajo fresco

La mayoría de ajos se venden secos para conservarlos mejor. El ajo fresco está recién cosechado. Sus bulbos jóvenes todavía no tienen la piel formada ni tampoco se han dividido en dientes, así que tanto la cabeza como el tallo son comestibles. La pulpa es húmeda y blanca, y tiene un sabor suave.

Ajo elefante

De apariencia llamativa, el *Allium ampeloprasum* var. *ampeloprasum* se clasifica en botánica más como un puerro que como un ajo, a pesar de que posee un sabor suave a este. El enorme bulbo contiene dientes grandes, que pueden utilizarse enteros.

Ajo negro

Originario de Corea, es un tipo de ajo en conserva, que se crea calentando con cuidado las cabezas durante mucho tiempo. En el proceso, los dientes se vuelven negros y la textura del ajo se ablanda. El sabor también se suaviza, pierde la acritud del ajo y adquiere unas notas ahumadas y de vinagre balsámico. El ajo negro se utiliza por su sabor y por su llamativa apariencia de color negro.

Una selección de bulbos de ajo, en sus múltiples y magníficas formas.

Ajo ahumado

El ajo se ahúma para transformar su sabor más que para conservarlo, confiere un sutil toque ahumado a los dientes —a la vez que cambia su acritud natural— y añade una tonalidad marrón oscuro a la piel.

Ajo frito

Disponible ya preparado en tiendas y supermercados, este tipo de ajo se produce friendo ajo picado muy fino en aceite hasta que queda dorado y crujiente. Es un ingrediente típico de la cocina tailandesa, que se utiliza para añadir sabor y textura crujiente a los platos.

Ajo en conserva

Se trata de dientes de ajo pelados y conservados en salmuera y vinagre: tienen una textura crujiente y retienen un fuerte sabor a ajo con una salada acritud.

Sal de ajo

Es un condimento hecho a partir de sal y ajo seco molido, con un característico sabor a ajo y que puede sustituir al ajo fresco en nuestra despensa.

Tallos de ajo

Se trata de tallos florales producidos por el ajo de cuello duro. Se cosechan a finales de primavera y se consideran una exquisitez de temporada. Son de color verde chillón y tienen una agradable textura jugosa y un sabor dulce a ajo. Se pueden utilizar como especia o como verdura.

Ajo silvestre/puerro salvaje

También conocido como ajo cañete, ajo castañuelo o ajo de oso, la planta *Allium ursinum* crece de forma silvestre en bosques umbríos de Europa, con sus largas hojas verdes comestibles, que poseen un definido aroma a ajo y un sutil sabor a cebolla. En Estados Unidos, los ajos silvestres son los «ramps» o *Allium trioccum*.

Cebollino ajo

El *Allium tuberosum*, también conocido como «cebollino chino» o «ajo chino», tiene unas hojas largas, planas, estrechas y verdes, y un característico sabor a ajo. En las cocinas china y coreana se utiliza como condimento y también como verdura.

Ajo suave

Preparación y almacenamiento del ajo

Parte de la versatilidad del ajo como condimento reside en poder ajustar su intensidad. Romper las células de ajo cuando se trocea o se prensa un diente provoca una reacción enzimática que genera el compuesto que da al ajo su característico olor y sabor. Por lo tanto, cuando solo se requiera un discreto toque de ajo, añadir un diente, pelado o sin pelar, da buenos resultados. Sin embargo, para obtener un magnífico y potente sabor a ajo, se recurre con frecuencia al ajo prensado.

Existen infinidad de prensas, trituradores y picadores de ajo que le ayudarán en esta tarea. Su popularidad tiene que ver, en parte, con la gente que quiere evitar que sus manos huelan a ajo, así como también con la simplicidad y rapidez de uso. Una manera de deshacerse del olor a ajo es, sencillamente, frotarse las manos con algo hecho de acero inoxidable. Se pueden comprar pastillas de «jabón» de acero inoxidable especialmente diseñadas para esta finalidad.

La limpieza de algunos trituradores de ajo puede ser complicada y, muy a menudo, trocitos de ajo se quedan atrapados en el aparato. Una manera fácil de triturar ajo, la preferida de muchos chefs, es colocar un diente de ajo pelado y troceado sobre una tabla de cortar, espolvorear por encima una pizca de sal (que ayuda a romperlos), cubrirlo con la parte ancha de un cuchillo grande y luego presionar la hoja hacia abajo repetidamente, aplastando el ajo y convirtiéndolo en una pasta.

Cuando compre ajo, elija cabezas firmes y gorditas, y evite las resecas y apergaminadas. La mejor manera de almacenarlo es mantenerlo en un lugar seco, fresco e, idealmente, oscuro: por ejemplo, en un cesto, un tarro de cerámica o una bolsa de malla. Guardar ajo en el frigorífico estimula su germinación y no es recomendable hacerlo. Las cabezas de ajo enteras y los dientes de ajo sueltos almacenados correctamente se conservan bien durante varias semanas. La mayor parte del ajo que compramos ya se ha dejado secar después de la cosecha. Una excepción es el «ajo fresco» de temporada, que está recién cosechado. Pruébelo y utilícelo lo antes posible antes de que empiece a secarse.

Una manera tradicional de almacenar ajo es en ristras u horcas, y los productores a menudo venden su mercancía de esta forma. Estas las hacen normalmente los mismos productores a partir de ajos de cuello blando: para ello usan los largos tallos del ajo a fin de trenzar las cabezas juntas una vez secas. Atractiva y rústica a la vez, una ristra u horca de ajos colgada de un gancho en la cocina y apartada de la luz directa permite que el aire circule y mantiene el ajo seco.

El ajo puede congelarse pelado o sin pelar, en dientes enteros, troceado o en forma de pasta. Si lo congela, tenga en cuenta que el olor puede traspasarse a otros ingredientes, así que asegúrese de almacenarlo en un recipiente hermético o muy bien envuelto.

Una manera deliciosa de conservar el sabor del ajo es infusionar el aceite con ajo. Es un proceso fácil pero debe hacerse de forma correcta y segura para prevenir la formación de toxinas. Fría suavemente los dientes de ajo con un poco de aceite de oliva, removiéndolos para evitar que se quemen, durante unos 3 minutos hasta que desprendan su aroma. Añada el aceite restante hasta llegar a la cantidad requerida y cocínelo a fuego lento 20 minutos. Filtre bien el aceite, déjelo enfriar y viértalo en una botella de cristal seca y esterilizada. Almacénelo en el frigorífico y consúmalo en el plazo de una semana.

También es posible infusionar vinagre con ajo. Utilice un vinagre de buena calidad y asegúrese de que tiene un contenido en ácido acético de al menos el 5 por ciento (que hace que sea difícil la supervivencia de los microorganismos). Para obtener mejores resultados, caliente el vinagre antes de infusionarlo con el ajo.

Hummus

Este gustoso dip de Oriente Medio con sabor a frutos secos es muy fácil de hacer en casa. Sírvalo con pan de pita, falafel o crudités vegetales como snack o junto con otros aperitivos para una comida ligera.

125 g de garbanzos secos
1 cucharadita de bicarbonato de sodio
2 dientes de ajo, triturados en forma de pasta
4 cucharadas de tahini
el zumo recién exprimido de 1 limón
sal

PARA DECORAR
aceite de oliva
pimentón o sumac
perejil fresco, picado finamente

6 raciones

Ponga en remojo los garbanzos durante toda una noche en abundante agua fría con el bicarbonato de sodio.

Al día siguiente, escúrralos y enjuáguelos. Colóquelos en una cacerola grande, cúbralos con agua fría y llévelos a ebullición. Reduzca el fuego y hiérvalos a fuego lento durante 50-60 minutos hasta que queden tiernos, retirando la espuma que se forme. Sale los garbanzos, luego escúrralos, reserve el agua de cocción y una cucharada de garbanzos cocidos para decorar.

En un robot de cocina, mezcle los garbanzos, el ajo, el tahini y el zumo de limón. Añada poco a poco el líquido de cocción hasta obtener una pasta suave. Sálela.

Traslade el hummus a un cuenco para servirlo. Haga un hueco poco profundo en el centro usando el dorso de una cuchara. Vierta un poquito de aceite de oliva, esparza sobre el hummus los garbanzos reservados y espolvoree pimentón y perejil por encima.

Dip de habas y ajo

Un dip de sabor fresco, con un agradable aroma a frutos secos. Sírvalo con pan de pita o crudités.

250 g de habas congeladas
2 dientes de ajo asados (véase página 23), pelados y machacados
1 cucharada de aceite de oliva
100 g de queso ricotta

2 cucharadas de eneldo fresco picado, y hojas para decorar
sal y pimienta negra recién molida

4 raciones

Cueza las habas congeladas en un cazo con agua hirviendo hasta que queden tiernas. Escúrralas, déjelas enfriar y extráigalas de las vainas.

Coloque las habas, los dientes de ajo asado y el aceite de oliva en un robot de cocina y mézclelos; otra posibilidad es triturarlo todo en un cuenco con un tenedor. Añada el queso ricotta, el eneldo picado, la sal y la pimienta, y mézclelo todo brevemente.

Cubra el dip y refrigérelo. Para servirlo, decórelo con hojas de eneldo.

Crema de ajo asado y remolacha

2 dientes de ajo, sin pelar

500 g de remolacha fresca

1 cucharada de aceite de oliva

½ cebolla, finamente picada

un chorrito de vino tinto (opcional)

600 ml de caldo de pollo o vegetal casero

sal y pimienta negra recién molida

nata para cocinar o crema agria, para servir

estragón picado, para servir

4 raciones

Esta sorprendente crema tiene un agradable sabor, dulce y terroso. Sírvala como entrante o para un almuerzo ligero, acompañada de pan crujiente.

Precaliente el horno a 200 °C.

Corte la punta de cada diente de ajo sin pelar, lo justo para exponer el interior. Envuelva el ajo y la remolacha juntos en papel de aluminio hasta que queden bien comprimidos. Colóquelos en una bandeja de horno y hornéelos durante 1 hora. Desenvuélvalos y resérvelos.

Pele la remolacha y trocéela bastamente. Pele el ajo y macháquelo.

Luego, caliente el aceite en un cazo grande a fuego bajo. Añada la cebolla y fríala con cuidado hasta que se ablande. Añada la remolacha troceada, el ajo machacado y el chorrito de vino tinto si lo desea. Cuézalo durante 2 minutos y luego agregue el caldo. Llévelo a ebullición, tápelo, reduzca el fuego y cuézalo a fuego lento durante 30 minutos.

Déjelo enfriar un poco, y luego mézclelo hasta que quede suave con una batidora de mano o un robot de cocina. Salpimiente la crema, vuelva a ponerla en la sartén y caliéntela por completo.

Para servir la crema, repártala en varios cuencos y decórela con la nata para cocinar o la crema agria y el estragón picado.

Ñoquis con ajo, setas y beicon

Un sabroso y rústico plato, perfecto para una cena reconfortante después de un día ajetreado. Utilice tantos tipos de setas diferentes como pueda para conseguir una gama variada de sabores y texturas. Cuando sea temporada, algunas setas silvestres añadirán un toque de lujo.

500 g de ñoquis de patata

2 cucharadas de aceite de oliva

50 g de beicon, cortado en dados

2 dientes de ajo, picados

una ramita de tomillo fresco

500 g de setas variadas (como champiñones, setas de ostra y shiitakes), las pequeñas enteras, las grandes bastamente laminadas

25 g de boletus edulis secos y troceados, remojados en agua caliente durante 15 minutos y luego escurridos

un chorrito de vino blanco seco

nuez moscada recién rallada

15 g de mantequilla

sal y pimienta negra recién molida

perejil fresco picado, para decorar

queso parmesano rallado, para servir

4 raciones

Cueza los ñoquis en una cacerola grande con agua salada hirviendo hasta que estén hechos (verifique el tiempo de cocción en las instrucciones del envase); escúrralos y resérvelos.

Caliente una cucharada de aceite de oliva en una sartén grande. Añada el beicon, el ajo y el tomillo y fríalos, removiéndolos a menudo, durante 2 minutos. Incorpore las setas variadas y los boletus edulis, mezclándolos bien. Agregue el vino y cocínelo todo, removiendo, hasta que el vino se evapore. Sazone la mezcla con sal, pimienta y nuez moscada, y fríala, removiéndola a menudo, hasta que las setas estén hechas por completo pero conserven su textura. Reserve.

En otra sartén grande, caliente el aceite de oliva restante y la mantequilla. Cuando la mezcla esté espumosa, añada los ñoquis cocidos, esparcidos en una sola capa. Fríalos durante unos minutos, dándoles la vuelta de vez en cuando, hasta que se doren por todos lados. Añada las setas, mézclelo todo bien, y cocínelo hasta que estas estén completamente calientes.

Decore los ñoquis con el perejil y sírvalos enseguida con queso parmesano rallado por encima.

Tarta de ajo asado y cangrejo

Una placentera tarta salada, salpicada de suaves dientes de ajo asados. Sírvala con una refrescante ensalada de hinojo y berros para un agradable contraste de texturas.

250 g de masa quebrada/brisa

2 huevos y 1 yema, batidos

300 ml de crema agria o nata doble

una pizca de hebras de azafrán, molido y remojado en 1 cucharadita de agua caliente

250 g de carne de cangrejo seleccionada (blanca y marrón)

8 dientes de ajo asados (véase página 23), pelados, enteros

sal y pimienta negra recién molida

un molde desmontable de 22 cm de diámetro, engrasado

bolas de cerámica para hornear

6-8 raciones

Precaliente el horno a 200 °C.

Estire la masa quebrada/brisa finamente y utilícela para forrar el molde engrasado. Forre la masa con un trozo de papel vegetal, y luego ponga bolas de cerámica para pastelería por encima.

Hornee en blanco la masa quebrada durante 10 minutos en el horno precalentado.

Retire el papel vegetal y los pesos de cerámica y hornéela durante otros 5 minutos. Pinte por encima la masa con un poco de los huevos batidos y hornéela durante 5 minutos más. Retírela del horno y déjelo a 200 °C.

Mientras tanto, prepare el relleno. Bata la crema agria o la nata doble con los huevos batidos. Incorpore el azafrán líquido y salpimiente la mezcla.

Extienda uniformemente la carne de cangrejo sobre la parte horneada de la masa. Esparza los dientes de ajo asados por encima. Vierta la mezcla de crema/nata y huevos.

Hornee la tarta durante 30-40 minutos en el horno precalentado.

Retírela del horno y sírvala caliente o fría.

Buñuelos de bacalao y ajo asado

Estos crujientes buñuelos de pescado de textura ligera, con su sutil sabor salado, son ¡adictivamente buenos! Sírvalos con el pesto de perejil o la salsa tártara de ajo asado. Son fantásticos acompañados de una ensalada fresca para una comida ligera o como snack.

1 cabeza de ajo

600 g de filetes de bacalao salado, remojado durante 24 horas, cambiando el agua 2-3 veces durante el tiempo de remojo

600 g de patatas harinosas, como la King Edward, peladas y troceadas

2 huevos, batidos ligeramente

2 cucharadas de perejil recién picado

la raspadura de 1 limón

aceite, para freír

sal

PESTO DE PEREJIL

50 g de perejil recién picado

120 ml de aceite de oliva

sal

SALSA TÁRTARA DE AJO ASADO

200 g de mayonesa

2 cucharadas de pepinillos troceados finamente

1 cucharada de alcaparras

2 dientes de ajo asados, pelados y machacados (cogidos de la cabeza utilizada en las croquetas de arriba)

2 cucharadas de perejil fresco, picado finamente

Para 24 buñuelos (4-6 raciones para una comida ligera)

Para asar el ajo, precaliente el horno a 180 °C.

Rebane el extremo superior de la cabeza de ajo, para exponer la parte interior de los dientes. Envuélvala en papel de aluminio y hornéela en el horno precalentado durante 1 hora. Desenvuelva y deje enfriar.

Cuando el ajo esté suficientemente frío para tocarlo, extraiga el ajo asado reblandecido de cada diente. Resérvelos y luego machaque cuatro dientes para los buñuelos y dos más para la salsa tártara.

Para hacer los buñuelos, escurra el bacalao salado en remojo y colóquelo en una cacerola. Cúbralo generosamente con agua fría, llévelo a ebullición y cuézalo a fuego medio hasta que quede tierno, durante unos 20 minutos; escúrralo.

Hierva las patatas en agua salada hasta que estén tiernas; escúrralas, hágalas puré y déjelas enfriar. Mézclelas con los cuatro ajos machacados.

Cuando el bacalao salado esté suficientemente frío para tocarlo, retire con los dedos cualquier piel o espina. Desmenuce el pescado.

En un cuenco grande, mezcle bien el bacalao desmenuzado, el puré de patata, los huevos, el perejil y la raspadura de limón. Utilizando dos cucharas, haga 24 buñuelos con la mezcla y resérvelos para que se enfríen completamente.

Si los sirve con el pesto de perejil, mezcle el perejil y el aceite de oliva con un robot de cocina, y luego sálelo.

Si los sirve con la salsa tártara de ajo asado, mezcle todos los ingredientes y refrigere la salsa antes de servirla. (Esta salsa tártara también queda bien con pescado rebozado con patatas o con barritas de pescado.)

Ponga el aceite para freír en un cazo grande al fuego hasta que esté muy caliente. Fría los buñuelos en tandas hasta que estén bien dorados, dándoles la vuelta para que queden igual por ambos lados. Retírelos del aceite y escúrralos sobre papel absorbente.

Sírvalos calientes justo después de freírlos o a temperatura ambiente con el pesto de perejil o la salsa tártara de ajo asado al lado.

Gambas con cebollino chino en flor

El cebollino chino en flor es una variedad menos conocida que el cebollino chino, pero ambos pueden comprarse en tiendas o supermercados asiáticos. Cualquiera de los dos funciona bien en esta receta, pues aporta un sutil sabor a ajo y una agradable textura. Sírvalas con fideos para una comida rápida y sabrosa.

1 cucharada de aceite de girasol o vegetal

2 cm de jengibre fresco, pelado y cortado en láminas finas

200 g de cebollino chino en flor o cebollino chino, cortado en trozos de 2,5 cm

200 g de gambas crudas, peladas

1 cucharada de vino de arroz o jerez semiseco

1 cucharada de salsa de soja suave

½ cucharadita de aceite de sésamo

2 raciones

Ponga el aceite en un wok a fuego alto. Añada el jengibre y saltéelo hasta que desprenda su aroma. Luego agregue el cebollino chino y saltéelo brevemente.

Incorpore las gambas y saltéelas. Tan pronto como se vuelvan opacas, agregue el vino de arroz y deje que crepiten brevemente. Finalmente, añada la salsa de soja y el aceite de sésamo. Saltéelas durante 2-3 minutos hasta que el cebollino chino se ablande. Sírvalas enseguida.

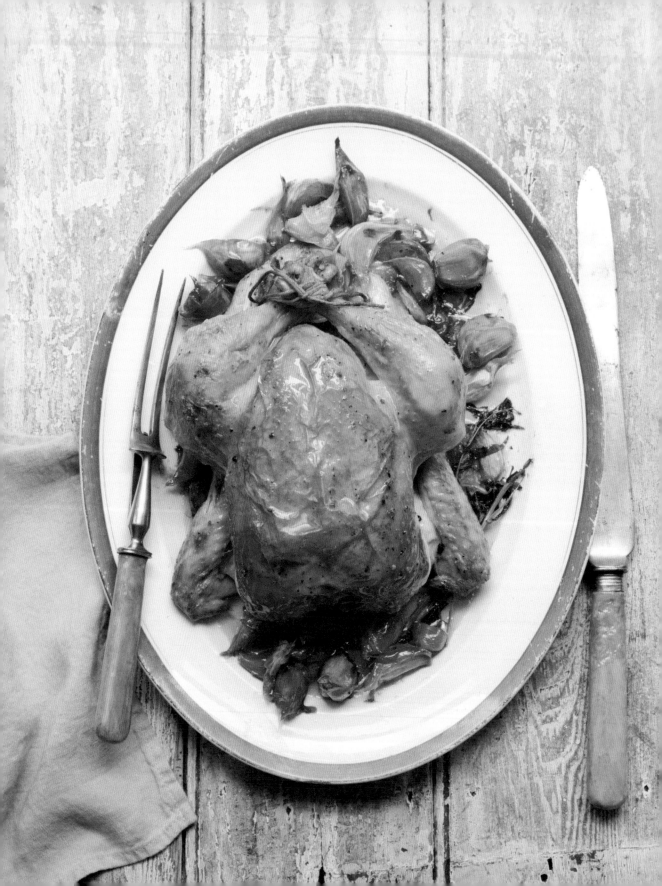

Pollo a los 40 dientes de ajo

Sí, ¡este es un plato para los amantes de verdad del ajo! Asar el pollo a la cazuela hace que sea más tierno y sabroso, y aromático gracias al estragón. Sirva los dientes de ajo enteros cocinados con el pollo de manera que los invitados puedan estrujar el ajo ablandado para sacarle la piel y disfrutar de esta sabrosa guarnición.

un pollo de corral de 1,8 kg
25 g de mantequilla
1 cucharada de aceite de oliva
40 dientes de ajo, separados pero sin pelar
100 ml de vermut o vino blanco seco
el zumo recién exprimido de ½ limón

200 ml de caldo de pollo de buena calidad
un puñado de ramitas de estragón fresco
sal y pimienta negra recién molida

una cazuela o fuente con tapa, refractaria y suficientemente grande para que quepa el pollo

6 raciones

Precaliente el horno a 180 °C.

Salpimiente el pollo. Caliente la mantequilla y el aceite de oliva en una sartén grande. Añada el pollo y dórelo por todos lados. Reserve los jugos de la sartén.

Mientras tanto, caliente la cazuela sobre los fogones y luego ponga el pollo dorado en ella. Introduzca algunos dientes de ajo en la cavidad del pollo, esparza el resto alrededor del ave y vierta por encima el vermut o el vino. Déjelo crepitar brevemente, y luego vierta los jugos grasos de la sartén, el zumo de limón y el caldo. Añada el estragón, colocando algunas ramitas en la cavidad del pollo.

Lleve a ebullición la cazuela, luego tápela y pásela al horno precalentado. Ase el pollo, tapado, durante 1 hora 20 minutos o 1 hora 30 minutos hasta que esté hecho por completo y los jugos salgan claros.

Coloque el pollo en una fuente para servir. Use una espumadera para pasar los dientes de ajo a la fuente. Vierta los jugos en una jarrita para utilizarlos como salsa y filtre cualquier exceso de grasa. Sirva el pollo con los dientes de ajo y la salsa.

Cerdo desmenuzado al ajo ahumado

Este tierno cerdo cocinado lentamente con sabor a ajo ahumado es un plato gustoso que contrasta con la vinagreta agria. Sirva el cerdo desmenuzado en panecillos o como plato de bufé con una ensalada de patata y col.

2,2 kg de paleta de cerdo con hueso, con incisiones marcadas en la piel para que quede crujiente

2 dientes de ajo ahumados, cortados en láminas finas

2 cucharaditas de ajo ahumado en polvo

2 cucharadas de aceite de oliva

8 panecillos

sal y pimienta negra recién molida

VINAGRETA

6 cucharadas de vinagre de vino tinto

2 cucharadas de miel clara

2 dientes de ajo asados (véase página 23), pelados y machacados

sal

8 raciones

Precaliente el horno a 220 °C. Deje la carne de cerdo a temperatura ambiente.

Seque la carne de cerdo con papel absorbente y condimente la piel completamente con sal. Haga pequeñas incisiones en la carne, luego pequeños cortes e inserte ahí las láminas de ajo ahumado. Sazone la carne con ajo ahumado en polvo, sal y pimienta recién molida.

Coloque un gran trozo de papel de aluminio sobre una fuente para asar. Coloque la carne de cerdo en medio del papel, vierta por encima el aceite de oliva y luego envuelva la carne con el papel para formar un paquete.

Áselo durante 15 minutos en el horno precalentado y luego reduzca la temperatura a 150 °C. Cueza el cerdo durante 5 horas 45 minutos más.

Desenvuelva el cerdo y reserve los jugos. Deseche cualquier grasa, o si quiere chicharrones, retírela y colóquela bajo el grill o sobre la parrilla durante 10-15 minutos. Con dos tenedores, desmenuce la carne del cerdo asado. Mezcle el cerdo desmenuzado con tres o cuatro cucharadas del jugo del asado para que quede más jugoso.

Mezcle los ingredientes de la vinagreta y sazónela a su gusto.

Rellene los panecillos generosamente con el cerdo desmenuzado y termine con la vinagreta a su gusto.

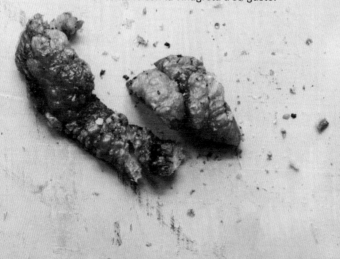

Patatas asadas con ajo y grasa de oca

A todo el mundo le encantan las patatas asadas y estas son irresistiblemente adictivas. Sírvalas con carne asada de ternera, cordero, cerdo o pollo.

1 cucharada de grasa de oca
una pizca de sal
700 g de patatas para asar, peladas y cortadas en trozos grandes y regulares

8 dientes de ajo, sin pelar
sal marina en escamas

4 raciones como guarnición

Precaliente el horno a 220 ºC. Coloque la grasa de oca en una bandeja para asar y precaliéntela el horno.

Lleve a ebullición una cacerola grande con agua y sal. Añada las patatas y hiérvalas durante 10 minutos para cocerlas a medias; escúrralas, vuélvalas a poner en la cacerola y agítelas para que su superficie quede rugosa.

Agregue las patatas medio cocidas a la grasa de oca calentada en la bandeja para asar y agítelas para cubrirlas bien. Esparza los dientes de ajo y sazónelos con escamas de sal. Áselas durante 30-40 minutos, dándoles la vuelta de vez en cuando para dorarlas por todos lados. Sírvalas enseguida.

Espinacas con ajo a la italiana

Un plato de verduras elegante y fácil, estas espinacas con ajo son la guarnición perfecta para el cordero asado o la ternera asada.

500 g de hojas de espinaca grandes, lavadas
2 cucharadas de aceite de oliva
1 diente de ajo, pelado y entero

un chorrito de zumo de limón
sal y pimienta negra recién molida

4 raciones como guarnición

Coloque las espinacas en una cacerola grande de fondo grueso y sálelas. Tape y cueza las espinacas durante pocos minutos hasta que se ablanden (no es necesario añadir agua). Escúrralas con un colador y presiónelas con una espátula para retirar el exceso de humedad. Trocéelas bastamente.

Caliente el aceite en una sartén grande. Añada el ajo y fríalo, removiéndolo hasta que esté dorado por todos lados; retire y deseche el ajo. Agregue las espinacas troceadas y fríalas con el aceite de ajo, dándoles la vuelta para cubrirlas completamente. Sazónelas a su gusto, añada el chorrito de zumo de limón y sírvalas enseguida.

Ajo radiante

Ajo para la salud

Históricamente, los seres humanos han tenido una relación muy especial con el ajo (*Allium sativum*). No solo entusiasmaba por su sabor intenso, sino también por sus atributos como medicina tradicional con numerosos poderes curativos. Durante siglos, médicos y profesionales de la salud alternativos han buscado remedios en el mundo natural y han utilizado plantas, entre ellas el ajo, para tratar enfermedades.

El ajo es particularmente llamativo debido a la gama de dolencias contra las cuales se ha usado. Utilizado tanto interna como externamente, se ha recetado crudo, preparado con alimentos, tomado con vinagre o vino, aplicado sobre heridas en forma de cataplasma, restregado sobre moratones o mezclado con grasa de oca y aplicado en las orejas.

En la medicina ayurvédica india, el ajo se usa como diurético y estimulante, para ayudar a la digestión, para tratar enfermedades del corazón y para la artritis.

En la medicina china, el ajo se consideraba un estimulante y se utilizaba para aliviar la depresión. Los antiguos egipcios lo empleaban como medicina fortalecedora: a los esclavos que les daban dosis diarias para mantenerlos fuertes. Esta percepción del ajo como alimento fortalecedor continuó durante los griegos y los romanos, quienes alimentaban con ajo a los atletas olímpicos y a los soldados. En la Antigua Grecia, Hipócrates (460-370 a. C.), el famoso médico, recomendaba el ajo para tratar la neumonía y otras infecciones. El escritor y naturalista romano Plinio el Viejo (23-79 a. C.) escribió que «el ajo tiene potentes propiedades» y aconsejaba utilizarlo para tratar mordeduras de serpiente, aplicarlo sobre moratones y tomarlo para inducir el sueño.

A través de los siglos, el ajo se ha valorado en muchos países por sus propiedades para la salud. En Europa, durante la Edad Media, el ajo se utilizaba para tratar trastornos digestivos, estreñimiento e incluso la peste. El médico italiano Pietro Andrea Mattioli (1501-1577) recomendaba el ajo para tratar problemas digestivos y lombrices. En los Estados Unidos del siglo XIX, en su libro *Home Book of Health*, John Gunn recomendaba el ajo para tratar el asma, los trastornos pulmonares y las infecciones. En Rusia, se usó para tratar enfermedades de las vías respiratorias.

Nuestro conocimiento científico del ajo y sus propiedades medicinales ha progresado desde entonces: en 1858, el científico francés Louis Pasteur experimentó con el ajo y descubrió sus poderes antibacterianos. A lo largo de la Primera Guerra Mundial el ajo se utilizó para curar heridas y, durante la Segunda Guerra Mundial, debido a la escasez de medicamentos convencionales, el Ejército Rojo utilizó el ajo para tratar a los soldados en Rusia; por ello recibió el apodo de «penicilina rusa».

Nuestra fascinación milenaria por el ajo como alimento saludable no muestra signos de reducirse. Ahora sabemos que contiene el compuesto aliina y la enzima alinasa que, cuando se corta o se machaca el ajo, entran en contacto y se convierten en alicina. El compuesto alicina (principal responsable del aroma del ajo) es conocido por poseer propiedades medicinales antibacterianas y fungicidas.

El ajo también contiene ajoeno, que funciona como antioxidante y también posee propiedades antitrombóticas que ayudan a prevenir la formación de coágulos sanguíneos. El ajo está reconocido por las autoridades médicas como reductor de lípidos en nuestra sangre, específicamente el colesterol. Cuando se trata de salud cardiovascular, se cree que los compuestos del ajo que contienen azufre protegen contra la inflamación y el estrés oxidativo.

El ajo y los productos derivados de este continúan recetándose por todo el mundo para tratar muchas afecciones. La investigación científica continúa explorando sus propiedades para la salud, entre ellas, el potencial que puede tener como anticancerígeno.

Labneh de hierbas y ajo asado

Hacer labneh (también labaneh o queso de yogur) es muy sencillo, pero tenga en cuenta que se requieren 24 horas para colar el yogur. Sirva este queso de Oriente Medio como aperitivo con crudités y pan de pita caliente.

450 g de yogur entero
    de leche de cabra

sal

2 dientes de ajo asados
    (véase página 23)

la raspadura fina
    de 1 limón

3 cucharadas de perejil
    fresco, finamente
    picado

1 cucharadita de
    cebollino fresco,
    finamente picado

1 cucharadita de hojas
    de tomillo fresco

aceite de oliva, para
    servir

pistachos, finamente
    molidos, para decorar

*un trozo de muselina
    o de tela para quesos
    y cordel*

4-6 raciones

Primero, haga el labneh. Sale el yogur a su gusto, mezclándolo bien. Coloque el yogur en el centro del trozo de muselina/tela para quesos, doble hacia arriba los extremos de este alrededor del yogur y átelo fuerte hasta formar un paquete. Cuélguelo encima de un cuenco hondo y grande atando el cordel a una cuchara de madera colocada horizontalmente en el borde del cuenco.

Déjelo en el frigorífico 24 horas; durante este tiempo el exceso de humedad goteará fuera del paquete.

Estruje el ajo asado para retirar la piel y macháquelo hasta formar una pasta. Condimente el labneh mezclándolo con el ajo asado, la raspadura de limón, el perejil, el cebollino y el tomillo.

Coloque el labneh en un plato para servir. Utilice la parte trasera de una cuchara para hacer un pequeño hueco en medio del labneh, vierta ahí un poco de aceite de oliva, esparza por encima los pistachos molidos y sírvalo.

Focaccia de romero y ajo asado

La focaccia recién hecha siempre es un placer: el ajo asado le añade un sabor maravilloso y el romero, una atractiva nota aromática. Sírvala sola o con embutidos italianos, como jamón, prosciutto de Parma o mortadela, para una comida ligera.

500 g de harina de fuerza para hacer pan, y un poco más para espolvorear

1 cucharadita de levadura seca de acción rápida

1 cucharadita de sal

1 cucharadita de azúcar

300 ml de agua caliente

5 cucharadas de aceite de oliva virgen extra

6 dientes de ajo asados (véase página 23), pelados y picados

3 cucharadas de hojas de romero, finamente picadas

una pizca de escamas de sal marina

un cuenco grande para mezclar, untado con aceite

una bandeja de horno, engrasada

Para 1 hogaza, 6 raciones

Mezcle la harina, la levadura, la sal y el azúcar. Incorpore gradualmente el agua y dos cucharadas de aceite, mezclando bien todo hasta formar una masa pegajosa. Colóquela en una superficie ligeramente enharinada y amásela hasta obtener una textura suave y elástica. Luego incorpore el ajo asado y dos cucharadas de romero. Coloque la masa en el cuenco untado con aceite, cúbralo con un trapo de cocina limpio y húmedo y resérvela en un lugar caliente durante 1 hora para que suba.

Rompa la masa subida, dele forma de óvalo grande y colóquela en la bandeja de horno preparada.

Presione la masa con la punta de los dedos para hacer pequeñas muescas en la superficie del óvalo. Vierta dos cucharadas de aceite por encima, de manera que rellenen las muescas, y esparza por encima el resto del romero. Déjelo reposar durante 30 minutos.

Precaliente el horno a 200 ºC.

Hornee la focaccia en el horno precalentado hasta que se dore. Eche el resto del aceite sobre la focaccia y esparza escamas de sal marina por encima.

Sírvala caliente del horno o a temperatura ambiente.

Muffins verdes con ajo

1 cucharadita de aceite
   de oliva

2 dientes de ajo, picados

225 g de harina leudante

1 cucharadita de levadura
   en polvo

1 cucharadita de sal

1 huevo

50 g de yogur natural

100-125 ml de leche
   entera

150 g de calabacín rallado

50 g de pistachos
   troceados

50 g de queso cheddar
   rallado

*un molde de 12 muffins,
   forrado con moldes de
   papel para muffins*

Para 12 muffins

Estos deliciosos muffins, salpicados con calabacín rallado y
pistachos troceados, son magníficos para un brunch;
sírvalos calientes del horno con mantequilla o queso
cremoso.

Caliente el aceite en una sartén pequeña y fría el ajo hasta que esté
dorado, removiéndolo y teniendo cuidado de no quemarlo. Déjelo enfriar.

Precaliente el horno a 200 °C.

Tamice la harina, la levadura y la sal en un cuenco. En otro bol, bata el
huevo, el yogur y 100 ml de leche. Vierta la mezcla de huevo sobre los
ingredientes tamizados y amalgámelos, teniendo cuidado de no
mezclarlos en exceso. Si la mezcla está muy seca, añada un poco más de
leche. Incorpore el ajo frito, el calabacín rallado, los pistachos troceados
y el cheddar rallado.

Divida la mezcla entre los moldes de muffin. Métalos durante 20 minutos
en el horno precalentado hasta que suban y se doren. Sírvalos calientes
del horno o déjelos enfriar.

Ajoblanco

También conocido como gazpacho blanco, esta clásica crema fría española, hecha sencillamente con unos pocos y modestos ingredientes, tiene un delicado sabor a frutos secos. Acompañada, como es tradicional, de uva o melón frescos, se convierte en un entrante –o una comida ligera– atractivo y refrescante.

100 g de pan ligeramente duro, sin la corteza y en rebanadas

700 ml de agua fría

200 g de almendras blanqueadas

2 dientes de ajo, triturados

6 cucharadas de aceite de oliva virgen extra, y un poco más para servir

2 cucharadas de vinagre de jerez

sal

24 uvas blancas sin pepitas, partidas por la mitad, o 200 g de melón o cantalupo, cortado en trocitos

4 raciones

Remoje el pan en el agua fría durante 30 minutos hasta que se ablande.

Muela finamente las almendras en un robot de cocina. Añada el pan remojado y la mitad del agua de remojo; reserve el resto. Mézclelos hasta que quede una pasta suave. Añada el ajo triturado, el aceite de oliva y el vinagre de jerez, y mézclelo todo hasta que quede suave.

Agregue la cantidad suficiente de agua restante para obtener una textura cremosa. Sale, cubra y refrigere la crema en el frigorífico durante como mínimo 2-3 horas.

Sirva el ajoblanco decorado con un chorrito de aceite de oliva y uvas partidas o trocitos de melón.

Ensalada tricolor con ajo negro

La *insalata tricolore* —la patriótica ensalada italiana roja, blanca y verde— es un clásico que, cuando se hace con tomates de calidad, aguacate maduro y mozzarella fresca, se come con auténtico placer. El añadido de ajo negro es poco ortodoxo, pero su dulzor ahumado queda bien con el vinagre balsámico y aporta un sabor interesante al plato.

6 cucharadas de aceite de oliva virgen extra

2 cucharadas de vinagre balsámico

2 dientes de ajo negro, finamente picados

3 bolas de mozzarella, escurridas y en rodajas

4 tomates maduros, en rodajas

2 aguacates, en rodajas y rociados con un poco de zumo de limón para prevenir la decoloración

un puñado de hojas de albahaca fresca

sal y pimienta negra recién molida

4 raciones

Haga la vinagreta poniendo el aceite de oliva, el vinagre balsámico y el ajo negro en un pequeño tarro con tapa, que luego debe agitar para mezclarlo todo bien. Salpimiente la vinagreta.

Coloque las rodajas de mozzarella, los tomates y el aguacate superpuestos en una fuente para servir. Rocíelos por encima con la vinagreta de ajo negro, esparza las hojas de albahaca sobre la ensalada y sírvala enseguida.

Ensalada tailandesa de gambas y pomelo con aliño de ajo y hierbas

El pomelo es un cítrico de piel gruesa con un sabor característico y una textura jugosa. Se utiliza a menudo en las ensaladas tailandesas. La sabrosa vinagreta añade un agradable toque picante al contraste de texturas. Si no es temporada de pomelos, puede utilizar pomelo blanco en su lugar.

½ pomelo o 1 pomelo blanco
1 mango maduro
200 g de gambas cocidas
   y peladas

ALIÑO
15 g de hojas de cilantro fresco
10 g de hojas de menta fresca
1 diente de ajo, pelado
1 chile verde, picado

la raspadura de ½ lima
el zumo recién exprimido
   de 1 lima
una pizca de sal

4 raciones como aperitivo o 2 como comida ligera

Haga el aliño de hierbas mezclando en un robot de cocina el cilantro, la menta, el ajo, el chile, la raspadura de lima, el zumo de lima y la sal hasta obtener una pasta.

Pele el pomelo y sepárelo en gajos (solo necesita medio pomelo, excepto si usa pomelo blanco).

Con un cuchillo afilado, parta el mango por la mitad, desechando el gran hueso central. Haga incisiones en forma de cuadrícula sobre cada mitad del mango por el lado de la pulpa, y luego corte entre la piel y la pulpa para obtener los trozos de mango; deseche la piel.

Mezcle el pomelo, el mango y las gambas con el aliño de hierbas. Sirva la ensalada enseguida o cúbrala y refrigérela hasta el momento de servirla.

Spaghetti alle vongole

Una receta para los amantes del marisco, este sencillo y clásico plato de pasta ofrece un sabor a mar a la italiana. Las almejas frescas mantienen su dulzor y su textura, en este caso condimentadas de manera sencilla pero eficaz con aceite de oliva, ajo, vino blanco y perejil.

1 kg de almejas frescas

400 g de espaguetis

6 cucharadas de aceite de oliva

3 dientes de ajo, cortados en láminas finas a lo largo

6 cucharadas de perejil fresco, finamente picado

100 ml de vino blanco seco

sal y pimienta negra recién molida

4 raciones

Prepare las almejas lavándolas bajo el grifo y seleccionándolas, descartando cualquiera que esté abierta. Guárdelas en el frigorífico hasta el momento de cocinarlas.

Lleve a ebullición una cacerola grande con agua y sal. Añada los espaguetis y hiérvalos hasta que estén al dente; escúrralos.

Mientras tanto, caliente el aceite de oliva en un cazo grande. Añada el ajo y fríalo con cuidado hasta que se dore, removiéndolo a menudo. Tenga cuidado de no quemar el ajo, ya que daría un sabor amargo. Añada las almejas, dos cucharadas de perejil picado y el vino blanco.

Tape y cueza las almejas durante unos minutos hasta que se abran. Descarte cualquiera que no se haya abierto. Sazónelas con pimienta.

Mezcle los espaguetis hervidos, las almejas y el resto del perejil, y añada la cantidad justa del líquido de cocinar las almejas para humedecer la pasta. Sirva los espaguetis enseguida.

Gambas al ajillo

Esta tapa clásica y rápida de preparar, hecha con unos pocos y sencillos ingredientes, entre ellos el ajo y el pimentón dulce ahumado, es adictivamente apetitosa. Cocínelas y sírvalas enseguida como entrante o como parte de un conjunto de tapas. Asegúrese de tener a mano mucho pan para mojar en el sabroso aceite de oliva.

4 cucharadas de aceite de oliva

2 dientes de ajo, picados

2 chiles rojos secos, desmenuzados

450 g de gambas crudas, peladas y limpias

1 cucharadita de pimentón dulce ahumado

1 cucharadita de perejil fresco, finamente picado

sal

pan crujiente, para servir

4 raciones
como tapa

Caliente el aceite de oliva en una sartén de fondo grueso. Añada el ajo picado y fríalo brevemente, removiéndolo, hasta que desprenda aroma. Incorpore los chiles desmenuzados, mézclelos bien, y luego agregue las gambas, ligándolas para recubrirlas con el aceite.

Fría las gambas brevemente, removiéndolas, hasta que se pongan opacas y rosas por ambos lados, teniendo cuidado de que no queden demasiado hechas ni tampoco secas. Sálelas y luego añada el pimentón, mezclándolo con el resto de ingredientes. Esparza perejil por encima y sírvalas enseguida acompañadas de pan crujiente.

Pollo con ajo y lima

Condimentada con abundante raspadura y zumo de lima, esta es una verdadera receta radiante, perfecta para una barbacoa en un caluroso día de verano. Sírvala con piña a la plancha, una ensalada de arroz con hierbas y un mojito o un margarita al lado.

4 dientes de ajo, triturados
la raspadura y el zumo recién
  exprimido de 2 limas
2 cucharadas de aceite de oliva
2 cucharadas de salsa de soja suave

2 cucharaditas de azúcar moreno
8 muslos de pollo, con hueso y piel
sal y pimienta negra recién molida

4 raciones

Mezcle el ajo, el zumo y la raspadura de lima, el aceite de oliva, la salsa de soja y el azúcar para crear una marinada. Salpimiente los muslos de pollo y luego colóquelos en un cuenco que no sea metálico. Rocíelos con la marinada por encima, recubriéndolos bien. Tape el pollo y déjelo marinar en el frigorífico durante 4 horas o toda la noche.

Encienda la barbacoa o precaliente el horno a 200 °C.

Coloque los muslos en una rejilla con una bandeja debajo y hornéelos durante 25-30 minutos o hasta que estén completamente hechos. También puede hacer el pollo en la barbacoa, dándoles la vuelta a los muslos de vez en cuando, hasta que los jugos salgan claros y la piel esté bien dorada. Sírvalo enseguida con la piña a la plancha y la ensalada de arroz con hierbas.

Brochetas de pollo, ajo y azafrán

Marinar pollo es una manera sencilla pero eficaz de añadir sabor. Estas brochetas también son magníficas a la barbacoa. Sírvalas con arroz basmati, el dip de tzatziki (abajo) o salsa raita y una ensalada para acompañar.

una generosa pizca de hebras de azafrán

2 dientes de ajo

3 cucharadas de aceite de oliva, y un poco más para rociar

el zumo recién exprimido de ½ limón

500 g de pechuga de pollo, cortada en dados de aprox. 2,5 cm

sal

hojas rotas de menta fresca, para decorar

8 brochetas de madera, remojadas en agua

4 raciones

Pique las hebras de azafrán y luego hidrátelas en una cucharadita de agua templada.

Triture el ajo hasta obtener una pasta y añada una pizca de sal.

Mezcle el ajo, el agua de azafrán, el aceite de oliva, el zumo de limón y sal en un cuenco grande para hacer la marinada. Añada el pollo y mézclelo, recubriéndolo completamente con la marinada. Tápelo y déjelo marinar en el frigorífico durante 4-6 horas; pasado la mitad del tiempo, dele la vuelta a los trozos de pollo.

Ponga la parrilla al fuego hasta que esté muy caliente. Ensarte el pollo marinado en las brochetas uniformemente.

Ase las brochetas de pollo a la parrilla durante 15 minutos hasta que estén hechas por completo y los jugos salgan claros, dándoles la vuelta a menudo y rociándolas con un poco de aceite de oliva si es necesario. Sírvalas enseguida, decoradas con hojas rasgadas de menta fresca.

Tzatziki

Este dip griego de ajo, delicado y refrescante, es un clásico. Sírvalo con las brochetas de pollo o con pan de pita o crudités como snack.

½ pepino

1 diente de ajo, triturado

250 g de yogur griego

1 cucharada de hojas de menta fresca, troceadas

1 cucharada de aceite de oliva

1 cucharadita de vinagre de vino blanco

6 raciones

Pele el pepino y rállelo.

Espolvoréelo con sal y resérvelo durante 15 minutos para que saque la humedad; escúrralo y séquelo con papel absorbente.

Mezcle el pepino rallado, el ajo, el yogur, la hojas de menta troceadas, el aceite de oliva y el vinagre. Cúbralo y refrigérelo hasta el momento de servirlo.

Hamburguesas de cerdo y ajo asado

Hacer sus propias hamburguesas es muy sencillo y le permite ser creativo con los condimentos. El añadido de ajo asado, semillas de hinojo y raspadura de limón da un intenso sabor a estas gustosas hamburguesas, perfectas para las barbacoas veraniegas. Sírvalas con patatas fritas y ensalada crujiente de col.

½ cucharadita de semillas de hinojo

1 cabeza de ajo asada (véase página 23)

400 g de carne picada de cerdo

1 cucharada de perejil fresco, finamente picado

1 cucharadita de raspadura de limón

aceite de girasol o vegetal, para freír

sal y pimienta negra recién molida

4 panecillos de hamburguesa

mayonesa, kétchup y pepinillos laminados, a su gusto

4 raciones

Tueste las semillas de hinojo en una sartén hasta que desprendan aroma, déjelas enfriar y tritúrelas.

Cuando el ajo asado esté suficientemente frío para tocarlo, extraiga todos los dientes, pélelos y macháquelos para hacer una pasta.

Mezcle la carne picada de cerdo, la pasta de ajo asado, el hinojo triturado, el perejil y la raspadura de limón, fusionándolos por completo. Salpimiente el resultado. Forme cuatro hamburguesas con la mezcla obtenida.

Caliente un poco de aceite en una sartén grande. Añada las hamburguesas y fríalas durante 15-20 minutos, o hasta que estén hechas por completo, dándoles la vuelta durante la cocción.

Coloque las hamburguesas en los panecillos, añada mayonesa, kétchup y pepinillos a su gusto y sírvalas enseguida.

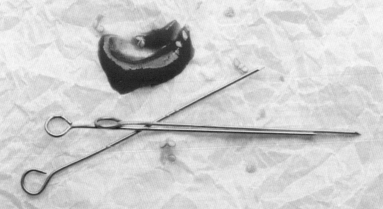

Pilaf con ajo

El aromático arroz basmati, cocinado con hierbas y especias en un caldo de pollo, se convierte en un plato sabroso y elegante. Es una guarnición excelente para curris y para platos de carne o pescado, como las Brochetas de pollo, ajo y azafrán (véase página 55) y el Jarrete de cordero con ajo aromático y albaricoques (véase página 152).

250 g de arroz basmati
1 cucharada de aceite de oliva
1 diente de ajo, picado
1 hoja de laurel
½ rama de canela
10 g de mantequilla
300 ml de caldo de pollo o agua
una buena pizca de hebras de azafrán, finamente picadas e hidratadas en 1 cucharada de agua caliente
sal
1 cucharada de piñones, tostados
1 cucharada de perejil fresco, finamente picado

4 raciones

Lave minuciosamente el arroz basmati con agua fría para eliminar el exceso de almidón; escúrralo bien.

Caliente el aceite de oliva en un cazo pequeño de fondo grueso. Añada el ajo y fríalo, removiéndolo hasta que se dore. Tenga cuidado de que no se queme, ya que amargaría. Añada la hoja de laurel y la rama de canela, y luego incorpore la mantequilla hasta que se derrita.

Agregue el arroz, mezclándolo bien para recubrirlo por completo en el aceite y la mantequilla. Incorpore el caldo y el agua de azafrán, y sálelo a su gusto.

Lleve a ebullición el arroz, luego reduzca mucho el fuego, tape el cazo y hiérvalo durante 15-20 minutos hasta que el agua se haya absorbido y el arroz esté blando y esponjoso. Deseche la hoja de laurel y la rama de canela. Espolvoree los piñones y el perejil por encima y sirva el arroz enseguida.

Brócoli baby con ajo y almendras

Cocinar brócoli baby de esta manera conserva su textura crujiente, a la vez que potencia su sabor. Sírvalo como acompañamiento del Pollo asado con mantequilla de ajo (véase página 82) o del Cordero asado con ajo y anchoas (véase página 155), o mézclelo con pasta para una comida vegetariana.

300 g de brócoli baby, cortado en trozos de 2,5 cm

25 g de almendras laminadas

2 cucharadas de aceite de oliva

1 diente de ajo grande, picado bastamente

sal y pimienta negra recién molida

4 raciones

Lleve a ebullición una cacerola grande con agua y sal. Añada el brócoli y cuézalo durante 2 minutos, escúrralo por completo y páselo por agua fría para detener la cocción.

Tueste las almendras en una sartén, removiéndolas a menudo, hasta que se doren; resérvelas.

Caliente el aceite de oliva en una sartén grande. Añada el ajo y fríalo hasta que quede dorado y aromático. Agregue el brócoli escurrido y fríalo brevemente durante 2 minutos, removiéndolo para recubrirlo con el aceite. Incorpore las almendras, sazone todo con pimienta recién molida y sirva el plato enseguida.

Guisantes con ajo a la francesa

Esta receta puede prepararse con guisantes frescos y ajo fresco recién cosechado de temporada, pero funciona igual de bien con guisantes congelados y ajo común. Sírvalo como guarnición de verduras, pues combina particularmente bien con el cordero asado.

15 g de mantequilla

2 cebollas tiernas, cortadas en trozos de 1 cm

1 loncha de beicon, cortada en tiras

2 dientes de ajo fresco (o 1 diente de ajo común), picados

75 g de hojas de lechuga, cortadas en tiras

400 g de guisantes frescos o congelados

150 ml de caldo de pollo o vegetal

sal y pimienta negra recién molida

4 raciones

Derrita la mantequilla en un cazo de fondo grueso. Añada las cebollas tiernas, el beicon y el ajo y fríalos, removiéndolos, durante 2 minutos hasta que la mezcla desprenda aroma y el beicon esté opaco. Agregue la lechuga, los guisantes y el caldo, y salpimiente el contenido del cazo. Llévelo a ebullición, tape el cazo y cueza la mezcla de guisantes durante 5 minutos hasta que queden tiernos.

Sírvalos con los jugos de la cocción, así tendrá casi la textura de una sopa.

Ajo reconfortante

Folclore del ajo

Es fascinante cómo este ingrediente cotidiano se ha vinculado durante tanto tiempo con la magia, los mitos, el folclore y las supersticiones. Esta asociación se encuentra estrechamente entrelazada con sus propiedades saludables. En muchas culturas, tradicionalmente se pensaba que el ajo dotaba de fuerza y potencia a los guerreros y se consideraba un talismán protector, debido a que el naturalista romano Plinio el Viejo escribió sobre su capacidad protectora contra escorpiones y serpientes. El botánico inglés Nicholas Culpeper lo relacionó con el planeta Marte

—pues Marte era el dios de la guerra— y escribió que el ardor del ajo «es muy vehemente». En el folclore chino, el ajo también se considera un protector: se comía durante el festival del barco dragón (o fiesta de Duanwu) para ahuyentar los malos espíritus. Incluso se encontraron bulbos de ajo en la tumba del faraón Tutankamón, ya que los antiguos egipcios creían que los protegería en la vida después de la muerte.

Se intuye que el potente y penetrante aroma del ajo tiene algo que ver con su poderosa reputación y, sin duda, con la que es su propiedad más notable: la

capacidad de proteger contra los vampiros. Esta es una asociación tan famosa que su leyenda sigue viva, todavía hoy, pues se dice en broma de los platos con un sabor potente a ajo que «mantienen alejados a los vampiros». La tradición se asocia particularmente con el folclore eslavo y sobre todo con Transilvania. Durante el siglo XVIII, en Transilvania, el miedo a los vampiros era generalizado, se desenterraban las tumbas y se clavaban estacas a los cadáveres para evitar que se convirtieran en vampiros. El ajo, considerado desde hace mucho tiempo un talismán con propiedades saludables, especialmente entre las comunidades rurales de Transilvania, tiene un uso muy extendido como elemento protector: colgado en las puertas de entrada y los alféizares de las ventanas o esparcidos delante de ellas como elemento disuasorio para garantizar la seguridad de los que están dentro. Era tal su reputado poder, que se colocaban dientes de ajo en las bocas de los cadáveres de presuntos vampiros con el fin de debilitarlos y evitar que atacaran a los vivos. Con esta reputación, el ajo también se utilizaba como método para detectar vampiros escondidos en la comunidad; así, si alguien rehusaba comer un diente de ajo en la iglesia era objeto de sospecha. En su influyente novela *Drácula* —que se ha adaptado al cine en muchas ocasiones—, el relato vampírico más popular, su autor, Bram Stoker, hacía referencia a esta antigua costumbre y describía cómo el cazador de vampiros Van Helsing intentaba proteger a Lucy del conde dándole un collar de ajos y esparciéndolos en los accesos a su habitación. Los vampiros no eran los únicos males de los que uno se podía proteger con ajo, ya que también se decía que protegía contra el mal de ojo, los demonios, las brujas y los hombres lobo.

Se cree que la longeva reputación que posee el ajo como afrodisíaco está vinculada con la sugestiva forma de lanza de la planta y sus bulbos. Es particularmente llamativo el número de culturas que asocian el ajo con la lujuria y el amor, como un ingrediente que desata pasiones. En la medicina tradicional ayurvédica india, el ajo se clasifica como rayásico y tamásico, esto es, como un alimento que promueve la pasión y la

ignorancia. Así que, mientras en la medicina ayurvédica el ajo se recomienda como tónico para la pérdida del apetito sexual, aquellos que buscan llegar a un plano espiritual más elevado lo rehúyen como alimento; por lo tanto, lo evitan los budistas, los hindúes devotos y los jainistas. En la mitología griega, el ajo encendía el deseo romántico del rey Minos y su mujer Pasífae, quien daría a luz al Minotauro. El filósofo griego Aristóteles (384-322 a. C.) clasificaba el ajo como afrodisíaco. En el Talmud se le atribuye al ajo las capacidades de incentivar el amor y sanar a los enfermos. En la cultura y la percepción populares, perdura su reputación como una planta con una gran potencia; es un aspecto interesante de nuestra duradera fascinación por este ingrediente tan especial.

Fettunta

El pan de ajo original es un plato italiano que se hace tradicionalmente con el aceite de oliva de temporada, aunque se puede utilizar cualquier aceite de oliva virgen extra de buena calidad. A la manera italiana clásica, los sencillos ingredientes se combinan para crear un magnífico efecto. El nombre se traduce literalmente como «rebanada en aceite», pero es mucho más deliciosa de lo que este nombre pueda sugerir. A pesar de ser rápida y fácil de hacer, es increíblemente sabrosa. ¡Pruébela!

4 rebanadas gruesas de pan rústico
1 diente de ajo, pelado
4 cucharadas de aceite de oliva virgen
    extra
sal (opcional)

una sartén grill

Para 4 rebanadas

Precaliente la sartén grill hasta que esté caliente. Haga el pan a la plancha 2-3 minutos por cada lado hasta que se dore con unas bonitas rayas tostadas. Si no dispone de una sartén grill, precaliente una parrilla y tueste el pan hasta que se dore por cada lado.

Inmediatamente después, restriegue el diente de ajo por un lado de cada rebanada. Rocíe cada una de ellas con una cucharada de aceite oliva. Espolvoree una pizca de sal por encima, si lo desea, y sirva la fettunta enseguida.

Tartiflette con ajo asado

Esta clásica receta francesa es un buen ejemplo de comida reconfortante, en la que el ajo asado añade una delicada intensidad a las indulgentes y cremosas capas de patatas laminadas con queso derretido. Sírvalo con una ensalada verde fresca. El Reblochon es el queso que se utiliza tradicionalmente en una auténtica tartiflette y le da un sabor y una textura característicos.

1 cucharada de aceite vegetal

1 cebolla, partida por la mitad y cortada en láminas finas

100 g de beicon, cortado en dados

300 ml de nata para cocinar o crema agria

300 ml de leche entera

3 ramitas de tomillo fresco, solo las hojas

3 dientes de ajo asado (véase página 23), pelados y triturados en forma de pasta

800 g de patatas firmes, como la Charlotte, cortadas en rodajas muy finas

½ queso Reblochon, cortado en láminas delgadas con la corteza

sal y pimienta negra recién molida

una fuente para horno de 1,5 l, engrasada

4 raciones

Precaliente el horno a 200 °C.

Caliente el aceite en una sartén. Añada la cebolla y fríala, removiéndola a menudo, hasta que se dore y ablande ligeramente. Añada el beicon y fríalo, removiéndolo, durante 2-3 minutos.

En un cazo grande, mezcle la nata para cocinar o la crema agria, la leche, las hojas de tomillo y la pasta de ajo asado. Salpimiente la mezcla. Llévela a ebullición y añada las rodajas de patata. Reduzca el fuego, tape el cazo y cocínelo a fuego lento durante 8 minutos. Añada el beicon y la cebolla y mézclelo todo.

En una fuente para horno engrasada, coloque una primera capa con una tercera parte de la mezcla de nata para cocinar/crema agria y patatas. Luego, una capa de láminas de Reblochon. Repita el proceso hasta terminar finalmente con una capa de queso.

Meta la fuente durante 1 hora en el horno precalentado hasta que las rodajas de patata estén tiernas y todo el conjunto esté dorado.

Sirva la tartiflette caliente del horno.

Sopa de ajo

El ajo es el corazón de esta clásica sopa. El caldo de
pollo es la clave del éxito, así que si no lo hace
usted, compre el de mejor calidad que pueda
encontrar. ¡No utilice caldo concentrado!

2 cucharadas de aceite de oliva
4 dientes de ajo, cortados en
  láminas
sal
1 cucharadita de pimentón
  dulce
4 rebanadas de pan rústico
perejil fresco picado, para
  decorar

CALDO DE POLLO
700 g de alitas de pollo

1,2 litros de agua
1 cebolla, troceada
1 zanahoria, troceada
2 ramas de apio, troceadas
1 diente de ajo, pelado
5 granos de pimienta
(o 1 litro de caldo de pollo)
un puñado de perejil fresco,
  para decorar

4 raciones

Primero haga el caldo. Coloque todos los ingredientes en una
cacerola grande. Llévelo a ebullición, tape la cacerola, reduzca el
fuego y cueza el caldo durante 1 hora. Cuele y reserve el caldo.

Para hacer la sopa, caliente el aceite de oliva en un cazo grande.
Añada el ajo y fríalo ligeramente, removiéndolo, hasta que esté
dorado pálido. Tenga cuidado de no quemarlo, ya que se volvería
amargo. Añada el caldo y sálelo. Llévelo a ebullición, luego
reduzca el fuego y cuézalo a fuego lento durante 10-15 minutos,
hasta que esté todo caliente. Incorpore el pimentón.

Tueste o haga a la plancha el pan. Coloque una rebanada en cada
cuenco, vierta la sopa por encima, decórela con perejil y sírvala.

Macarrones con queso y ajo asado

Esta es una versión de lujo de los tradicionales macarrones con queso, en la que el ajo asado añade intensidad a la salsa de queso y eleva un plato cotidiano a algo bastante más especial. Sírvalos con una ensalada verde fresca.

200 g de macarrones
1 cucharadita de aceite de girasol o vegetal
75 g de beicon, finamente picado
50 g de mantequilla
50 g de harina común
600 ml de leche entera
50 ml de nata para montar
125 g de queso cheddar, rallado
nuez moscada recién rallada
3 dientes de ajo asado (véase página 23), pelados y triturados

75 g de guisantes cocidos congelados
2 cucharadas de queso parmesano rallado
25 g de pan rallado
sal y pimienta negra recién molida

una fuente para horno poco profunda, engrasada

4 raciones

Cueza los macarrones en un cazo grande con agua salada hirviendo hasta que estén al dente; escúrralos.

Mientras tanto, caliente el aceite en una sartén. Añada el beicon y fríalo, removiéndolo a menudo, hasta que esté ligeramente dorado y crujiente.

Precaliente el horno a 200 °C.

Haga la salsa de queso. Derrita la mantequilla en un cazo de fondo grueso. Añada la harina, incorporándola bien, y cocínela durante 1 minuto, removiéndola. Agregue la leche poco a poco, mezclándola bien para que no se formen grumos. Llévela a ebullición, sin dejar de removerla, hasta que se espese. Incorpore la nata para montar y luego el queso cheddar rallado (reserve dos cucharadas para el final), y siga removiéndolo hasta que se derrita. Sazone la mezcla con sal, pimienta y nuez moscada. Añada el ajo asado y amalgámelo.

Mezcle los macarrones, el beicon, los guisantes y la salsa de queso, y colóquelo todo en la fuente para horno. Esparza por encima una capa del cheddar restante, el queso parmesano y el pan rallado.

Métalos en el horno precalentado durante 20 minutos hasta que la parte superior esté dorada. Luego sírvalos enseguida.

Pastel de pescado con ajo asado

Esta lujosa versión del pastel de pescado, con su relleno cremoso en contraste con el sabroso puré, es perfecta para una cena de celebración. Sírvalo con las Espinacas con ajo a la italiana (véase página 31) de guarnición.

500 ml de caldo de pescado de buena calidad

800 g de filetes de pescado blanco, sin piel, cortado en trozos de 4 cm

1,5 kg de patatas harinosas, peladas y troceadas

un chorrito de leche

4 ½ cucharadas de mantequilla

3 dientes de ajo asado (véase página 23), pelados y triturados en forma de pasta

nuez moscada recién rallada

1 chalota, finamente picada

40 g de harina común

150 ml de nata para montar

2 cucharadas de perejil fresco, finamente picado

la raspadura de ½ limón

200 g de gambas cocidas, peladas

8 huevos de codorniz, hervidos, pelados y partidos por la mitad

25 g de queso cheddar rallado

sal y pimienta negra recién molida

6 raciones

En un cazo grande, lleve a ebullición el caldo de pescado. Añada el pescado y cuézalo a fuego lento durante 2-3 minutos hasta que esté completamente hecho. Cuele y reserve el caldo, y deje enfriar el pescado.

Haga el puré de ajo asado. Cueza las patatas en agua salada hirviendo hasta que estén tiernas; escúrralas. Añada la leche, 1 cucharada de mantequilla y la pasta de ajo asado y haga un puré con todo ello junto. Sazónelo con pimienta y nuez moscada a su gusto.

Prepare la salsa. Caliente la mantequilla restante en un cazo de fondo grueso. Añada la chalota y fríala ligeramente durante 1-2 minutos hasta que se ablande. Incorpore la harina y cuézala, removiéndola, durante 1 minuto. Poco a poco, añada el caldo de pescado, mezclándolo bien para incorporar la harina y obtener una salsa sin grumos. Llévelo a ebullición, removiendo todo hasta que se espese. Incorpore la nata, el perejil y la raspadura de limón. Déjelo enfriar.

Precaliente el horno a 200 °C.

Coloque el pescado cocido, las gambas peladas y los huevos de codorniz en una fuente grande para horno. Vierta por encima la salsa y mézclelo todo con cuidado. Extienda sobre todo ello el puré de ajo en una capa uniforme. Esparza queso cheddar por encima.

Métalo durante 30-40 minutos en el horno precalentado hasta que esté dorado y muy caliente. Sírvalo enseguida.

Panceta asada con sidra y ajo

Un espléndido y suculento plato de cerdo de cocción lenta, con el sabor a manzana de la sidra contrastando agradablemente con la intensidad del cerdo. Las ciruelas pasa rellenas de suave y ahumado ajo negro le añaden un sabroso toque extra. Este plato es magnífico acompañado de puré de patatas y repollo a la mantequilla.

2 kg de panceta con hueso sin curar, con incisiones marcadas en la piel para que quede crujiente

6 dientes de ajo, 4 enteros y 2 triturados

1 cucharada de tomillo fresco, finamente picado

2 zanahorias grandes, partidas a lo largo por la mitad y troceadas

1 cebolla, cortada en trozos

500 ml de sidra seca

300 ml de zumo de manzana

8 ciruelas pasas deshuesadas

8 dientes de ajo negro

mantequilla, para freír

sal y pimienta negra recién molida

8 raciones

Deje el cerdo a temperatura ambiente y séquelo con papel absorbente. Precaliente el horno a 220 ºC.

Salpimiente la carne de cerdo, frotando la sal generosamente por la piel marcada. Mezcle el ajo triturado con el tomillo hasta obtener una pasta, que deberá restregar por la carne de cerdo.

Introduzca las zanahorias, la cebolla y los dientes de ajo enteros en una fuente para asar, y luego coloque la panceta sazonada de manera que repose encima de las verduras. Vierta la sidra en la fuente.

Ase la panceta durante 30 minutos en el horno precalentado, luego reduzca la temperatura a 180 ºC y ásela durante 2 horas más. A mitad de cocción, añada el zumo de manzana en la fuente.

Deje reposar el cerdo en un lugar cálido. Mezcle con la batidora las verduras asadas, el ajo y la sidra hasta que se suavice y obtenga una salsa espesa. Salpiméntela.

Rellene cada ciruela pasa deshuesada con un diente de ajo negro entero. Caliente la mantequilla en una sartén pequeña y fría las ciruelas pasas brevemente para calentarlas por completo.

Sirva la panceta asada con la salsa de sidra y las ciruelas pasas rellenas de ajo negro.

Baked beans con ajo a la española

Mi versión de inspiración española de las baked beans es un plato sustancioso y lleno de sabor. Sírvalas calientes, templadas o a temperatura ambiente acompañadas de pan rústico para mojar, y, para contrastar, una ensalada verde.

400 g de judías borlotti

1 cucharada de aceite de oliva

1 cebolla, finamente picada

1 rama de apio, finamente troceada

2 dientes de ajo, picados

1 cucharada de hojas de romero, recién picadas

200-300 g de chorizo, cortado en rodajas

150 g de beicon, cortado en dados

1 cucharadita de pimentón dulce ahumado

400 ml de passata de tomate (puré de tomate)

sal y pimienta negra recién molida

2 cucharadas de perejil, recién picado

una cazuela o fuente con tapa, refractaria

6-8 raciones

Ponga las judías en remojo con abundante agua fría toda la noche. Escúrralas, introdúzcalas en una cacerola grande y cúbralas generosamente con agua fría. Lleve las judías a ebullición, reduzca el fuego y cocínelas a fuego lento durante 45-60 minutos, hasta que estén tiernas. Escurra y reserve las judías y el agua de cocción.

Precaliente el horno a 150 °C.

Caliente el aceite de oliva en una cazuela. Añada la cebolla y el apio y fríalos 2 minutos, hasta que se ablanden. Añada el ajo y el romero, fríalos brevemente hasta que desprendan aroma, y luego agregue el chorizo y el beicon. Fríalos, removiendo, durante 3-5 minutos. Espolvoree por encima el pimentón, e incorpore la passata de tomate y 400 ml del agua de cocción de las judías (reserve el resto de agua de cocción). Sale la mezcla y añada las judías.

Lleve las judías a ebullición, tape la cazuela y colóquela en el horno para que se cocinen durante 2 horas. Vigile que las judías no se resequen y, si es necesario, añada más agua de cocción.

Traslade la cazuela del horno a los fogones, destápela y póngala a fuego lento durante 30 minutos, removiéndola de vez en cuando para reducir y espesar la salsa. Pruebe las judías y salpiméntelas según sea necesario. Decórelas con perejil y sírvalas enseguida.

Salchichas italianas con lentejas al ajo

Las salchichas y las lentejas son la pareja perfecta. Este es un plato fácil y sustancioso lleno de sabores robustos: ¡comida reconfortante a la italiana! Si es posible, utilice salchichas de cerdo italianas frescas, que a menudo vienen condimentadas con ajo e hinojo, cuya textura y sabor combinan bien con las lentejas.

400 g de lentejas de Puy, enjuagadas

1 zanahoria, cortada en daditos

300 ml de vino tinto

1 litro de agua fría

3 dientes de ajo, pelados y enteros

1 hoja de laurel fresca

3 hojas de salvia fresca

½ cucharada de aceite vegetal

8 salchichas italianas (u otras salchichas de carne de buena calidad)

3 cucharadas de aceite de oliva virgen extra

4 cucharadas de perejil, recién picado

sal

4 raciones

Precaliente el horno a 200 °C. Coloque una fuente en el horno para precalentarla.

Coloque las lentejas enjuagadas y la zanahoria en daditos en un cazo grande. Añada el vino tinto, el agua, los dientes de ajo, la hoja de laurel y las hojas de salvia. Llévelos a ebullición, luego reduzca el fuego y cocínelos a fuego lento durante 20-25 minutos hasta que las lentejas estén tiernas pero sigan teniendo cierta consistencia. Sale las lentejas y luego escúrralas.

Mientras las lentejas se estén cocinando, caliente el aceite vegetal en una sartén grande. Añada las salchichas y dórelas rápidamente por todas partes. Traslade las salchichas doradas a la fuente precalentada y áselas en el horno durante 20-25 minutos hasta que estén hechas por completo.

Extraiga y descarte la hoja de laurel y las hojas de salvia. Machaque los dientes de ajo. Mezcle las lentejas cocidas con el ajo machacado, el aceite de oliva y el perejil. Ponga las salchichas encima de las lentejas y sírvalas enseguida.

Boeuf bourguignon

Este clásico plato francés es una rica combinación de buey cocinado lentamente, tierno, marinado con vino, y condimentado con hierbas, beicon, champiñones y ajo. Sírvalo con un cremoso puré de patatas y judías verdes. Como puede prepararse con antelación, es un plato ideal para recibir invitados en casa.

800 g de carne de vacuno para estofar, cortada en dados

750 ml de vino tinto, idealmente Borgoña

1 cebolla, picada bastamente

1 zanahoria, troceada bastamente

3 dientes de ajo, picados

4 ramitas de tomillo fresco

2 hojas de laurel fresco

2 cucharadas de aceite de oliva

1 chalota, picada

2 lonchas de beicon, cortadas en tiras delgadas

400 ml de caldo de buey

15 g de mantequilla

200 g de champiñones

sal y pimienta negra recién molida

perejil picado, para servir

una cazuela o fuente con tapa, refractaria

6-8 raciones

Coloque la carne en un cuenco grande con el vino tinto, la cebolla, la zanahoria, el ajo, el tomillo y las hojas de laurel y déjelo marinar en el frigorífico al menos 3 horas, o idealmente toda la noche.

Precaliente el horno a 150 ºC.

Retire la carne de la marinada y séquela con papel absorbente. Descarte la cebolla y la zanahoria, pero reserve el resto de la marinada de vino tinto (es decir, el ajo y las hierbas). Coloque la marinada de vino tinto reservada en una cacerola, llévela a ebullición y cocínela sin tapar hasta que se reduzca a unos 600 ml.

Caliente una cucharada de aceite de oliva en la cazuela. Añada la carne y fríala durante 3-5 minutos hasta que esté dorada por todos lados. Resérvela.

Limpie la cazuela con papel absorbente. Añada el resto del aceite de oliva, caliéntelo y fría la chalota y el beicon durante 1-2 minutos, hasta que desprendan aroma. Añada la carne dorada, la reducción de vino tinto y el caldo de buey. Salpiméntela. Llévela a ebullición, tápela y cocínela en el horno precalentado durante 2 horas.

Hacia el final de la cocción, caliente la mantequilla en una sartén y fría los champiñones hasta que se doren. Incorpore los champiñones a la cazuela y sirva el buey decorado con perejil picado.

Pollo asado con mantequilla de ajo

El pollo asado es un favorito de ayer y de hoy y siempre es una magnífica comida para toda la familia. El resultado de añadir la mantequilla bajo la piel es un pollo jugoso, sabroso y aromatizado por las hierbas y el ajo. Acompáñelo con las Patatas asadas con ajo y grasa de oca (véase página 31) o con el Brócoli baby con ajo y almendras (véase página 60).

3 dientes de ajo, 2 pelados y 1 sin pelar

70 g de mantequilla, ablandada

2 cucharadas de perejil fresco, finamente picado

1 cucharadita de hojas de tomillo limón o de tomillo

la raspadura y el zumo recién exprimido de ½ limón (reserve la mitad del limón después de exprimirlo, ya que se utilizará en la receta)

1 pollo de aprox. 2 kg

sal y pimienta negra recién molida

JUGO

½ cucharada de aceite de oliva

½ cebolla, finamente picada

1 hoja de laurel fresco

un chorrito de vino blanco

300 ml de caldo de pollo

4 raciones

Precaliente el horno a 200 °C.

Prepare la mantequilla de ajo machacando el ajo pelado con una pizca de sal hasta obtener una pasta. Mezcle 50 g de mantequilla con la pasta de ajo, el perejil, el tomillo limón y la raspadura de limón.

Salpimiente el pollo. Colóquelo sobre una rejilla encima de una fuente de horno. Introduzca el diente de ajo sin pelar y la mitad del limón exprimido en la cavidad del pollo. Rocíe el zumo de limón por encima.

Levante con los dedos la piel de las pechugas del pollo con cuidado. Por debajo de la piel, unte uniformemente la carne de las pechugas del pollo con la mantequilla de ajo. Con el resto de la mantequilla, marque pequeños puntos sobre los muslos y las alitas del pollo.

Ase el pollo en el horno precalentado durante 1 hora 20 minutos o 1 hora 30 minutos. Rocíe el pollo a menudo con los jugos de mantequilla durante la cocción, hasta que esté hecho por completo y estos últimos salgan claros. Déjelo reposar durante 15 minutos.

Mientras tanto, utilice para hacer la salsa los jugos de la cocción, de los cuales habrá que retirar el exceso de grasa. Caliente el aceite en una cacerola, añada la cebolla y la hoja de laurel y fríalas suavemente hasta que la cebolla se ablande. Agregue el vino, cocínelo todo brevemente, y luego incorpore el caldo y los jugos de cocción. Lleve la salsa a ebullición y cuézala hasta que se reduzca un poco. Sazónela según sea necesario. Descarte la hoja de laurel y sírvala enseguida con el pollo.

Ajo ardiente

Conozca a los cultivadores de ajo

South West Garlic Farm, Dorset, Inglaterra

El interés por cultivar alimentos del agricultor Mark Botwright se remonta a su infancia, cuando cuidaba del huerto familiar. Sin embargo, su fascinación por el ajo se remonta a los ejemplares de ajo elefante que le regaló su mujer por su cumpleaños. Mark los plantó en su jardín, los cultivó, los secó y replantó los dientes, y cultivó su colección de ajos hasta que tuvo miles de bulbos y una gama de variedades.

Era tal su obsesión que decidió cambiar la ganadería ovina por el cultivo del ajo y ha convertido su granja South West Garlic Farm en un negocio floreciente,

donde cultiva ajo blanco, ajo morado, ajo spring violeta y (naturalmente) ajo elefante. Entre sus clientes se incluyen los mejores restaurantes y las tiendas de alimentación gourmet del Reino Unido.

El genuino interés de Mark por los ingredientes y la cocina, junto con su audaz capacidad de innovación, se han incorporado a su negocio. La popularidad entre los chefs de los tallos del ajo —que antes se descartaban— como producto de culto es algo en lo que Mark ha sido pionero. También ofrece ajo negro, producido por el suave calentamiento de los bulbos de ajo durante 40-50 días.

Filaree Garlic Farm, Omak, Washington, EE.UU.

La granja Filaree fue fundada en 1977 por Ron Engeland, inicialmente como un manzanal de herencia familiar. A mediados de la década de 1980, Ron empezó a cultivar ajo entre los árboles. Su fascinación por las variedades tradicionales le llevó a contactar con investigadores universitarios para buscar variedades inusuales, y llegó a cultivar hasta 300 variedades.

Hoy en día, esta granja orgánica cultiva más de 100 variedades de ajo y suministra semillas a otros agricultores. Propiedad actualmente de Swiss Alley, Filaree es la granja privada con la mayor colección de ajos de Estados Unidos, profundamente comprometida con su autoproclamada misión de preservar y promover su gran diversidad de variedades únicas de ajo. Cultivar tantas variedades permite exponer y apreciar la diversidad del ajo. Entre las que cultiva Filaree se encuentran los ajos violetas, de sabor picante y con un jaspeado violeta; los ajos blancos y rosas, con grandes dientes; los ajos pardos, muy sabrosos, y los ajos rojos, de sabor dulce.

La ubicación de la granja, en una árida región desértica, les proteje de muchas plagas y enfermedades asociadas con el ajo. El cultivo se cuida con esmero, se quitan las malas hierbas a mano, se irriga con agua de manantial, se recorren los campos regularmente a pie para comprobar la salud de las plantas y la mayoría del ajo se cosecha selectivamente en su punto óptimo de madurez.

La Maison de l'Ail, Saint-Clar, Francia

Francia tiene una respetable tradición de proteger sus alimentos históricos y el ajo es uno de los productos reconocidos como tales. Su cultivo se lleva realizando durante mucho tiempo en la mancomunidad de Lomagne en el suroeste de Francia, favorecido por el clima benévolo y los suelos arcillosos y calcáreos, que resultan ideales, y se ha convertido en un importante cultivo de la zona. Desde 2004, se le ha

concedido la denominación de Indicación Geográfica Protegida (IGP) al ajo blanco de Lomagne. Alrededor de unos 300 cultivadores de la región producen este tipo de ajo blanco tan valorado, utilizado en platos locales como el *tourin*, una sencilla sopa de ajo.

Entre ellos se encuentran los agricultores monsieur y madame Gamot, que, en el año 2000, fundaron La Maison de l'Ail en un viejo granero de su granja para homenajear el ajo de la región. Exposiciones, esculturas y eventos festivos como un mercado y una competición anual de ajo, organizada por agricultores locales, ofrecen la oportunidad de aprender sobre el ajo y cómo se cultiva en la región.

Los Gamot creen firmemente en las virtudes saludables del ajo, tanto para los humanos como para el campo. En su granja cultivan ajo blanco, plantado en otoño y cosechado el 24 de junio, y también ajo violeta, que se recoge a finales de verano. Después, el ajo se deja secar durante un mes, se trenza y se vende desde julio hasta octubre.

Salsa picante de cacahuete y ajo

Los amantes de la mantequilla de cacahuete apreciarán esta gustosa salsa con chile picante y sabor a frutos secos. Es una magnífica guarnición para carnes o pescados a la plancha.

25 g de perejil, recién picado, tallos y hojas

2 cucharadas colmadas de mantequilla de cacahuete

1 tomate

1 chile rojo, picado

2 dientes de ajo, picados

2 cm de raíz de jengibre fresco, pelado y picado

1 cucharada de aceite de cacahuete o de girasol

Para unos 220 g

Coloque todos los ingredientes en un robot de cocina y mézclelos hasta obtener una pasta. Para almacenarla, cúbrala y refrigérela, pero sírvala a temperatura ambiente.

Esta salsa está más buena recién hecha, cuando los sabores son más intensos. Sin embargo, cualquier resto de salsa puede conservarse en el frigorífico hasta dos días, cubierta con una fina capa de aceite para evitar la decoloración.

Chutney de hierbas y ajo

Ácido y con un toque de chile, este original chutney tiene un sabor exuberante.
Sírvalo como salsa para acompañar platos indios como el pollo tandoori.

100 g de cilantro fresco,
   tallos y hojas
2 dientes de ajo, picados
50 g de almendras
   blanqueadas
1 cucharadita de semillas
   de comino, tostadas
   y finamente molidas
1 chile verde, picado
el zumo recién exprimido
   de 1-2 limones
1 cucharadita de sal
1 cucharadita de azúcar

Para unos 220 g

Enjuague bien el cilantro, descarte cualquier hoja marchita, y píquelo.
En un robot de cocina, mezcle el cilantro, el ajo, las almendras, el
comino y el chile para obtener una pasta. Poco a poco, añada el zumo
de limón, la sal y el azúcar, mézclelo bien todo y pruébelo para
asegurar un equilibrio de sabores: dulce, ácido y salado.

Cubra el chutney y refrigérelo hasta el momento de servirlo. Está
más bueno recién hecho, cuando los sabores están en su punto
más intenso. Sin embargo, cualquier resto de chutney puede
conservarse en el frigorífico hasta dos días. Cúbralo con una
fina capa de aceite para evitar la decoloración.

Baba ghanoush con ajo ahumado

Este dip inspirado en Oriente Medio tiene un agradable y sutil sabor a ajo ahumado. Asar las berenjenas hasta que la piel queda chamuscada ablanda su pulpa y suaviza su sabor. Sírvalo con pan de pita caliente y crudités como aperitivo vegetariano, o con otros platos, como el Hummus (véase página 14) o el Tzatziki (véase página 55), como parte de una comida a base de platillos.

2 berenjenas
2 dientes de ajo ahumados
el zumo recién exprimido
   de ½ limón
3 cucharadas de aceite de
   oliva virgen extra, y un
   poco más para servir
sal

PARA DECORAR
1 cucharada de yogur natural
una pizca de sumac molido
perejil, recién picado

*una bandeja de horno
   forrada con papel
   de aluminio*

Para unos 400 g

Precaliente el horno a 200 ºC.

Coloque las berenjenas sobre una bandeja de horno forrada con papel de aluminio y áselas durante 1 hora en el horno precalentado, dándoles la vuelta a mitad de cocción, hasta que queden chamuscadas por todas partes. Coloque las berenjenas calientes en una bolsa de plástico (de manera que el vapor resultante haga que sea más fácil pelarlas) y déjelas enfriar.

Pele las berenjenas y corte la pulpa en trozos. Triture el ajo ahumado con una pizca de sal hasta obtener una pasta. En un robot de cocina mezcle las berenjenas asadas con la pasta de ajo ahumado, el zumo de limón y el aceite de oliva para obtener un puré suave. Sálelo.

Coloque el puré en un cuenco y ponga la cucharada de yogur encima. Para terminar, espolvoree sumac por encima, rocíelo con un poco de aceite de oliva, esparza el perejil y sírvalo.

Tortitas de kimchi con nata de ajo negro

Mi versión de este popular plato coreano crea un contraste entre la textura correosa de la tortita picante y el sutil frescor de la nata para cocinar, enriquecida con la suave dulzura del ajo negro. El kimchi es un plato fermentado tradicional de Corea, que normalmente se hace con col.

100 g de harina común
½ cucharadita de sal
100 ml de agua
3 cucharadas de líquido del kimchi (extraído del kimchi)
130 g de kimchi, finamente picado
1 cebolla tierna, finamente picada
150 ml de nata para cocinar o crema agria

3 dientes de ajo negro, finamente picados
1 cucharada de aceite de girasol o vegetal
finas rodajas de cebolla tierna, para decorar

4 raciones como aperitivo o 2 como plato principal

Haga la masa batiendo la harina, la sal y el agua hasta obtener una pasta. Incorpore el líquido del kimchi, y luego mézclelo con el kimchi y la cebolla tierna.

Amalgame la nata para cocinar y el ajo negro y reserve la mezcla.

Caliente una sartén grande. Añada el aceite y deje que se caliente bien. Vierta la masa, que empezará a crepitar al tocar la sartén, y extiéndala para formar una capa uniforme. Fríala durante 3-5 minutos hasta que se endurezca, luego dele la vuelta y fría la tortita durante otros 3-4 minutos hasta que esté dorada por ambos lados.

Corte la tortita de kimchi en porciones y sírvala con un poco de la mezcla de nata para cocinar y ajo negro por encima. Finalmente esparza cebolla tierna para decorar.

Espaguetis con ajo, aceite y pepperoncino

Tan sencillo y a la vez tan bueno, este plato casero de pasta con ajo, aceite y chile es un clásico italiano. Se prepara en pocos minutos con productos de despensa y es una magnífica comida rápida. Lo tradicional es poner una gran cantidad de ajo, ya que es el sabor clave del plato.

450 g de espaguetis
150 ml de aceite de oliva virgen extra
8 dientes de ajo, finamente picados
6 pepperoncini (pequeños chiles italianos rojos y secos), picados
6 cucharadas de perejil fresco, finamente picado
sal y pimienta negra recién molida
queso parmesano rallado, para servir

4 raciones

Cueza los espaguetis en una olla grande con agua salada hirviendo hasta que estén al dente.

Mientras tanto, caliente el aceite de oliva en una sartén pequeña de fondo grueso. Añada el ajo y los pepperoncini y fríalos suavemente a fuego lento, removiéndolos a menudo, hasta que se dore el ajo. Tenga cuidado de no quemarlo, ya que daría un sabor amargo. Deje reposar el aceite de ajo y chiles para que se infusione.

Cuando los espaguetis estén listos, escúrralos bien y vuélvalos a poner en la olla. Caliente otra vez el aceite, viértalo por encima de la pasta y mézclelo bien. Esparza el perejil y sirva enseguida los espaguetis con queso parmesano por encima.

Gambones con ajo y chile a la malaya

Este plato con gambones picantes es rápido de preparar y aromatizado con toronjil y hojas de combava. Acompáñelo de arroz al coco para suavizar el picante.

2 ramas de toronjil

150 g de tomates, troceados

1 cebolla, picada

2 dientes de ajo, picados

2 cucharadas de puré de tomate

1 chile rojo, sin semillas y picado

una pizca de azúcar

2 cucharadas de aceite de girasol o vegetal

2 hojas de combava (lima kafir), sin el nervio central, cortadas en tiras finas

300 g de gambones crudos, pelados y limpios

sal

cebolla tierna, finamente picada, para decorar

4 raciones

Primero prepare la pasta malaya. Retire las hojas duras externas de las ramas de toronjil y pique finamente la parte bulbosa blanca; descarte el resto. En un robot de cocina, mezcle el toronjil, el tomate, la cebolla, los dientes de ajo, el puré de tomate, el chile y el azúcar; reserve la pasta.

Caliente un wok. Añada el aceite y deje que se caliente bien. Añada las tiras de hojas de combava y la pasta reservada, fría, removiéndolas a menudo, durante 7-8 minutos hasta que estén hechas por completo y reducidas.

Añada los gambones, sálelos y saltéelos hasta que se vuelvan opacos y estén hechos por completo: solo tardará unos minutos en hacerlo. Sírvalos enseguida, decorados con la cebolla tierna finamente picada.

Pescado a la tailandesa con ajo frito

Esta receta es una magnífica manera de cocinar filetes de pescado; las láminas crujientes de ajo añaden tanto textura como sabor. Acompáñelo de arroz y una verdura, como espinacas o pak choi.

1 rama de toronjil

500 g de filetes de pescado blanco (por ejemplo, bacalao)

2 cucharadas de aceite de girasol o vegetal

1 ½ cucharadas de salsa de pescado

1 chalota, finamente picada

1 chile rojo, sin semillas y finamente picado

4 dientes de ajo, cortados a lo largo en láminas finas

pimienta negra recién molida

4 raciones

Precaliente el horno a 200 ºC.

Retire las hojas duras externas de la rama de toronjil. Pique finamente la parte bulbosa blanca y descarte el resto.

Coloque el pescado con el lado de la piel hacia abajo en una fuente para horno. Mezcle una cucharada de aceite, la salsa de pescado, la chalota, el chile y el toronjil, sazone la mezcla con pimienta y viértala por encima del pescado, recubriéndolo bien. Hornee el pescado durante 15-20 minutos hasta que esté hecho por completo.

Justo antes de terminar la cocción del pescado, caliente el resto del aceite en una sartén pequeña. Añada el ajo y fríalo hasta que se dore, teniendo cuidado de no quemarlo, ya que daría un sabor amargo. Vierta el aceite de ajo caliente por encima del pescado ya cocinado y sírvalo enseguida.

Albóndigas con cebollino ajo

500 g de carne picada
de cerdo

25 g de cebollino ajo o
cebollino chino, finamente
picado

1 diente de ajo, finamente
picado

1 cm de jengibre fresco,
pelado y finamente picado

1 clara de huevo

1 cucharada de salsa de soja
suave

1 cucharadita de sal

½ cucharadita de pimienta
blanca o negra molida

1 cucharadita de aceite
de sésamo

2 cucharaditas de maicena

SALSA PARA MOJAR

3 cucharadas de salsa
de soja suave

1 cucharadita de aceite
de sésamo

½ chile rojo, sin semillas
y finamente picado

una vaporera

4 raciones

Este es un plato sencillo y casero. Cocer al vapor las albóndigas en lugar de freírlas es una manera fácil y más saludable de cocinarlas. Acompáñelas de arroz o fideos y verduras chinas como el pak choi o el gai lan (también conocido como brócoli chino o kale china).

Mezcle todos los ingredientes para las albóndigas en un robot de cocina hasta que estén fusionados del todo. Con las manos húmedas, para evitar que se pegue la mezcla, haga pequeñas bolas, cada una del tamaño de una canica grande.

Cocine las albóndigas al vapor durante 20 minutos, hasta que estén hechas por completo.

Mezcle todos los ingredientes para la salsa y sirva las albóndigas con ella.

Pollo con ajo frito a la tailandesa

Un plato verdaderamente gustoso, inspirado en sabores tailandeses. Acompáñelo de arroz al vapor para una sencilla y satisfactoria comida, ideal para una cena entre semana. Si no tiene judías verdes, el brócoli baby es buen sustituto.

2 cucharadas de aceite de girasol o vegetal

2 dientes de ajo, finamente picados

1 chalota, cortada en láminas finas

100 g de judías verdes, despuntadas y cortadas en trozos de 1 cm

4 champiñones, troceados

400 g de carne picada de pollo

1 chile rojo, sin semillas y finamente picado (opcional)

1 cucharadita de azúcar moreno oscuro

1 cucharada de salsa de pescado

1 cucharada de salsa de soja oscura

3 cucharadas de caldo de pollo

pimienta negra recién molida

hojas de albahaca tailandesa o de albahaca, para decorar

4 raciones

Caliente un wok. Añada el aceite y deje que se caliente bien. Agregue el ajo y la chalota y fríalos, removiéndolos, hasta que el ajo se vuelva de color dorado pálido. Incorpore las judías verdes y fríalas, removiéndolas, durante 1 minuto. Añada los champiñones y fríalos, removiéndolos, a lo largo de 1 minuto.

Añada la carne picada de pollo y fríala, removiéndola con una espátula para separar cualquier amontonamiento de carne, hasta que brille por todos lados. Agregue el chile si lo utiliza y mézclelo bien. Incorpore el azúcar, la salsa de pescado y la salsa de soja. Añada el caldo y saltee la combinación durante 5 minutos hasta que el caldo se haya evaporado y los ingredientes estén bien mezclados.

Sazone el pollo generosamente con pimienta negra, decórelo con hojas de albahaca y sírvalo enseguida.

400 g de solomillo de
  ternera, cortado en tiras
  finas y cortas

MARINADA

2 cucharadas de semillas de
  sésamo, tostadas en seco
  hasta que estén doradas

3 dientes de ajo, triturados
  con una pizca de sal para
  hacer una pasta

1 cucharadita de azúcar

3 cebollas tiernas, cortadas
  en trozos de 2 cm

4 cucharadas de salsa
  de soja suave

2 cucharadas de aceite
  de sésamo

2,5 cm de jengibre fresco,
  pelado y finamente picado

SALSA PARA MOJAR

3 cucharadas de salsa
  de soja suave

1 cucharada de aceite
  de sésamo

1 cucharada de vino de arroz
  o jerez semiseco

1 cucharadita de pasta de
  soja fermentada coreana

1 cucharada de semillas de
  sésamo, tostadas en seco
  hasta que estén doradas

1 cebolla tierna, finamente
  picada

1 diente de ajo, finamente
  picado

1 cucharadita de azúcar

½ cucharadita de copos
  de chile seco

4 raciones

Bulgogi

Este famoso plato coreano, a base de sabrosas y tiernas tiras de ternera, es adictivamente bueno. Asegúrese de marinar la carne durante suficiente tiempo, ya que es lo esencial para fijar los sabores. Acompáñelo de arroz o fideos y verduras chinas.

Mezcle todos los ingredientes de la marinada. Añada las tiras de ternera y mézclelas hasta recubrirlas bien. Cúbralas y déjelas marinar en el frigorífico durante al menos 6 horas o, idealmente, toda la noche.

Mezcle todos los ingredientes de la salsa y resérvela.

Saque la ternera marinada 30 minutos antes de cocinarla, para que se ponga a temperatura ambiente.

Precaliente una sartén grande de fondo grueso o una sartén grill. Añada las tiras de ternera en una sola capa. Cocínelas brevemente por un lado, deles la vuelta y hágalas por el otro, hasta que estén doradas por ambos; en total, solo tardará unos pocos minutos en hacerlo.

Sirva la ternera enseguida con la salsa.

Albóndigas indias con ajo y especias

La carne picada de ternera no tiene por qué ser aburrida, tal como demuestra esta receta con su variedad de especias. Acompáñela de arroz basmati y verduras.

500 g de carne picada
   de ternera
1 diente de ajo, triturado
   con una pizca de sal
1 cucharadita de comino
   molido
2 cucharaditas de cilantro
   molido
2 cucharadas de aceite
   de girasol o vegetal
1 cebolla, finamente picada
1 diente de ajo, picado
2 cm de jengibre fresco,
   pelado y finamente picado
1 rama de canela
4 vainas de cardamomo
un puñado de hojas de curri
   (no secas) frescas o
   congeladas (opcional)
400 g de tomate troceado
   en conserva
¼ de cucharadita de
   cúrcuma molida
¼ de cucharadita de chile
   rojo en polvo (opcional)
300 ml de agua
sal y pimienta negra recién
   molida
hojas de cilantro frescas
   rasgadas, para decorar

una sartén grande con tapa

4 raciones

Primero haga las albóndigas. Mezcle la carne de ternera, el ajo triturado, el comino y el cilantro, y salpimiéntelo bien. Con las manos húmedas para que no se pegue la mezcla, haga pequeñas bolas, cada una más o menos del tamaño de una canica grande.

Caliente una cucharada de aceite en una sartén grande y fría las albóndigas hasta que se doren por todos lados. Resérvelas.

Añada el aceite restante a la sartén. Fría la cebolla, el diente de ajo picado, el jengibre, la rama de canela y las vainas de cardamomo, removiendo todo, hasta que la cebolla se ablande. Incorpore las hojas de curri, si las utiliza, fríalas brevemente y luego añada el tomate troceado. Agregue la cúrcuma, el chile rojo en polvo (si lo va a utilizar) y el agua. Sálelo y llévelo a ebullición.

Añada las albóndigas doradas, lleve la sartén a ebullición una vez más y luego tápela, reduzca el fuego y cocínelas durante 15 minutos, removiéndolas de vez en cuando. Destape la sartén y cuézalas otros 10 minutos, removiéndolas a menudo, hasta que la salsa se haya reducido y espesado. Sírvalas enseguida, decoradas con cilantro fresco.

Ajo salvaje

Cultivo del ajo

Una de las razones de la popularidad universal del ajo es su capacidad para desarrollarse en una gran variedad de climas y suelos. De igual modo que es versátil en la cocina, el ajo también es adaptable como planta y tanto crece en climas fríos del norte como en países tropicales. A pesar de que crece bien en el suelo, no requiere mucho espacio y también puede cultivarse con éxito en tiestos.

Escoger su ajo

El ajo se cultiva a partir de dientes individuales. Pese a que es posible plantar simplemente dientes de ajo comprados en una tienda de alimentación, debido al riesgo de enfermedades se recomienda adquirir las semillas en un vivero.

Tenga en cuenta que cuanto mayor sea el diente mayor será la planta, así que elija los dientes más grandes, manteniendo su piel, con textura de papel. Separe los dientes del bulbo justo antes de plantarlos, y no con antelación.

Hay diversas variedades de ajo entre las que puede escoger, con variantes que incluyen bulbos de color blanco y violeta, y sabores que van de suave y dulce a picante y ardiente. Hay dos subespecies de ajo: de cuello blando (*Allium sativum sativum*) y de cuello duro (*Allium sativum phioscorodon*). El de cuello duro produce un tallo central recto y comestible. Estos tallos se cortaban tradicionalmente para producir bulbos más grandes y se conocen como «escapo».

Cuándo plantar

En climas fríos, el ajo se siembra antes del invierno, para dar a las plantas una oportunidad de establecer su sistema de raíces antes de las heladas. También se

puede sembrar en primavera, dependiendo del clima y la variedad. Plante los dientes con el extremo de la raíz hacia abajo a unos 5 cm de profundidad bajo el suelo, separados entre sí 15 cm, si los planta en una hilera. Al ajo le gusta la tierra fértil con un buen drenaje. Puede asfixiarse fácilmente por las malas hierbas: limpie a fondo el suelo que las rodea.

El ajo de cuello blando forma unas hojas verdes; el de cuello duro constituye un tallo recto. Riegue con regularidad pero no en exceso. El bulbo aparece cuando las hojas han crecido; a partir de entonces se aconseja no regar para evitar que se pudra el bulbo.

Cosecha

El ajo se cosecha durante los meses de verano, entre junio y agosto. Cuando las hojas se vuelven amarillas, el bulbo está listo para cosecharlo. Si se

cosecha demasiado pronto, hay riesgo de que el bulbo no esté desarrollado, mientras que si se hace excesivamente tarde puede derivar en un bulbo poco firme. Para cosechar, ahueque con cuidado la tierra alrededor de la planta, asegurándose de no dañar el bulbo, y, suavemente, sáquelo con la mano para no dañarlo.

Una vez cosechado, necesita secarse o curarse. Elimine los restos de tierra de las raíces, pero déjelas en el bulbo. Extienda o cuelgue el ajo en un lugar fresco y seco, con buena circulación de aire; lo ideal es colgarlo, ya que esto permite que se seque de manera uniforme. Deje el ajo en estas condiciones durante dos semanas, de modo que la capa exterior se haya secado pero el ajo todavía conserve su humedad, luego pode las raíces y quite cualquier capa exterior sucia. Su ajo está listo para usarlo.

Pesto de ajo silvestre y avellanas

El ajo silvestre combinado con avellanas aporta a este pesto fácil de hacer un maravilloso y característico sabor. Incorpórelo a la Pasta primavera (página 120), espárzalo por encima de un pollo o un pescado antes de hornearlo o utilícelo como un sabroso aderezo para las cremas, como la de boniato o zanahoria.

80 g de avellanas
80 g de hojas de ajo silvestre, lavadas minuciosamente y troceadas bastamente
150 ml de aceite de oliva virgen extra

50 g de queso parmesano rallado
sal

Para unos 350 g

Tueste las avellanas en una sartén de fondo grueso a fuego medio, removiéndolas a menudo hasta que se doren. Déjelas enfriar y luego tritúrelas finamente.

Si utiliza un robot de cocina, triture las hojas de ajo silvestre hasta obtener una pasta. Añada las avellanas trituradas y el aceite de oliva y mézclelas brevemente. Incorpore el queso parmesano, mézclelo y sálelo, teniendo en cuenta que el queso ya es salado de por sí.

Si utiliza un mortero, machaque el ajo silvestre hasta obtener una pasta. Añada las avellanas trituradas y el aceite de oliva y macháquelas para mezclarlas. Incorpore el queso parmesano, mézclelo y sálelo.

Si le sobra algo de pesto, puede almacenarlo en el frigorífico hasta dos días; si cubre la superficie con una fina capa de aceite se conservará mejor. También puede congelarlo.

Panecillos de ajo silvestre

Disfrute de estos sabrosos panecillos recién hechos y calientes del horno. Sírvalos con una sopa como entrante o para una comida ligera.

500 g de harina de fuerza para hacer pan, y un poco más para espolvorear

1 cucharadita de levadura seca de acción rápida

1 ½ cucharaditas de sal

1 ½ cucharaditas de azúcar

300 ml de agua caliente

2 cucharadas de aceite de oliva, y un poco más para engrasar

75 g de mantequilla, ablandada

25 g de hojas de ajo silvestre, bien lavadas y finamente picadas

dos bandejas de horno, ligeramente engrasadas

Para 24 panecillos

Primero, haga la masa del pan. En un cuenco, mezcle la harina, la levadura, la sal y el azúcar. Poco a poco, añada el agua caliente y el aceite de oliva, mezclando bien todo hasta formar una masa pegajosa. Ponga la masa sobre una superficie enharinada y trabájela hasta que esté suave y elástica. Colóquela en un cuenco limpio engrasado con aceite, cúbrala con un trapo de cocina limpio y húmedo y déjela reposar en un lugar cálido durante 1 hora para que suba; durante este tiempo debe subir notablemente y casi doblar su tamaño.

Mientras la masa sube, mezcle la mantequilla y el ajo silvestre minuciosamente.

Precaliente el horno a 220 ºC.

Derrita suavemente la mantequilla de ajo silvestre en una sartén.

Rompa la masa (que ya debe de haber subido) y divídala en 24 porciones uniformes, dándoles forma de bola. Colóquelas en las bandejas de horno engrasadas, bien separadas. Pinte generosamente cada una con la mantequilla derretida de ajo silvestre.

Meta las bolas de masa durante 15-20 minutos en el horno precalentado hasta que se doren. Pinte las bolas de masa recién hechas con el resto de la mantequilla de ajo silvestre y sirva los panecillos enseguida.

Tarta de queso de cabra y ajo silvestre

Esta elegante tarta salada, que combina el sutil queso de cabra con el terroso ajo silvestre, tiene una delicada y jugosa textura. Acompáñela de una ensalada fresca.

300 g de masa
   quebrada/brisa
2 huevos y 1 yema
300 ml de nata para cocinar
   o crema agria
25 g de hojas de ajo
   silvestre, lavadas y
   finamente picadas
nuez moscada recién rallada
200 g de queso de cabra,
   cortado en lonchas
sal y pimienta negra recién
   molida

*un molde desmontable
   de 24 cm de diámetro,
   ligeramente engrasado*

*bolas de cerámica para
   hornear*

6 raciones

Precaliente el horno a 200 ºC.

Primero haga la base de la tarta. Estire la masa quebrada/brisa sobre una superficie ligeramente enharinada y utilícela para forrar el molde engrasado. Presiónela con firmeza y pinche la base varias veces para evitar que se formen burbujas. Forre la masa con un trozo de papel vegetal y luego ponga pesos de cerámica para pastelería por encima. Hornee en blanco la masa quebrada durante 15 minutos. Retire el papel vegetal y los pesos de cerámica y hornéela 5 minutos más.

Mientras se cuece la masa, bata suavemente los huevos con la yema de huevo y la nata para cocinar. Incorpore el ajo silvestre y sazone con nuez moscada rallada, sal y pimienta.

Encima de la base de la tarta, ponga una capa de lonchas de queso de cabra y vierta la mezcla de huevo. Hornee la tarta durante 40 minutos, hasta que haya subido y esté dorada. Sírvala templada o a temperatura ambiente.

Scones de queso y ajo silvestre

Es difícil resistirse a unos scones recién hechos, calentitos del horno y untados con mantequilla. Estos scones salados, con su sabor terroso, no son una excepción.

250 g de harina leudante

1 cucharadita de levadura en polvo

una pizca de sal

50 g de mantequilla, cortada en dados, y más para servir

75 g de queso cheddar, finamente rallado

1 huevo

125 ml de suero de leche (o una mezcla de 100 ml de leche entera con 25 ml de yogur), y más para glasear

25 g de hojas de ajo silvestre, lavadas minuciosamente y finamente picadas

cortador de galletas de 6 cm de diámetro

una bandeja de horno, engrasada

Para 8 scones

Precaliente el horno a 220 °C.

Tamice la harina y la levadura en polvo en un cuenco. Incorpore la sal. Agregue la mantequilla y mézclela con sus dedos hasta que se absorba; luego incorpore el queso cheddar rallado.

Bata el huevo con el suero de leche. Vierta la mezcla de huevo en la mezcla de harina, añada el ajo silvestre picado y amalgame todo hasta formar una masa blanda y pegajosa.

Estire la masa sobre una superficie ligeramente enharinada hasta conseguir un grosor de 2,5 cm y luego utilice el cortador de galletas para recortar los scones, volviendo a estirar y podar los recortes sobrantes hasta conseguir ocho scones.

Coloque los scones en la bandeja de horno engrasada. Píntelos ligeramente con suero de leche.

Hornee los scones durante 10-15 minutos en el horno precalentado hasta que hayan subido y estén dorados. Sírvalos enseguida, pártalos por la mitad y úntelos con mantequilla.

Pasta primavera con ajo silvestre

Esta sencilla y elegante receta utiliza ingredientes primaverales para crear un bonito y fresco plato de pasta con un ligero toque de ajo.

1 cucharada de piñones

100 g de espárragos trigueros, cortados en trozos de 2,5 cm

75 g de guisantes frescos (o congelados si se prefiere)

75 g de judías verdes, despuntadas y cortadas en trozos cortos

200 g de pasta farfalle

100 g de Pesto de ajo silvestre y avellanas (véase página 112)

2 cucharadas colmadas de queso mascarpone

queso parmesano rallado, para servir

4 raciones

Tueste los piñones en seco en una sartén de fondo grueso a fuego medio, removiéndolos a menudo, hasta que estén dorados. Retire la sartén del fuego y resérvelos.

Cueza los espárragos, los guisantes y las judías verdes en ollas separadas con agua hirviendo hasta que estén al dente. Escúrralos enseguida, sumérjalos en agua fría para parar la cocción y luego escúrralos bien otra vez.

Lleve a ebullición una olla con agua salada. Añada la pasta y hiérvala hasta que quede al dente; escúrrala.

Mezcle la pasta recién escurrida primero con el pesto de ajo silvestre y luego con el queso mascarpone, recubriéndola bien. Añada los espárragos, los guisantes, las judías verdes y mezcle todo minuciosamente. Esparza los piñones tostados y el queso parmesano rallado por encima, y sírvala enseguida.

Mejillones gratinados con ajo silvestre

Esta es una manera rica y sabrosa de comer mejillones y ofrece un contraste de texturas entre el pan rallado crujiente y el jugoso mejillón que hay debajo.

1 kg de mejillones

30 g de pan rallado

15 g de hojas de ajo silvestre, lavadas minuciosamente y picadas muy finas

60 ml de aceite de oliva virgen extra

sal y pimienta negra recién molida

4 raciones como aperitivo o 2 como plato principal

Lave los mejillones bajo agua fría, y descarte cualquiera que esté abierto o roto. Ráspelos bien para retirar cualquier filamento o resto de arena.

Coloque los mejillones en una cacerola grande y añada agua fría hasta llenar 2,5 cm de altura de la cacerola. Colóquela a fuego medio, tape la cacerola y cueza los mejillones durante unos 5 minutos, hasta que se abran por la acción del vapor.

Escurra los mejillones y descarte los que no se hayan abierto durante el proceso de cocción.

Cuando los mejillones se hayan enfriado suficientemente para manipularlos, elimine una mitad de concha de cada mejillón, dejando solo la parte que contiene la carne. Coloque los mejillones, con la concha abajo, en una bandeja de horno.

Mezcle el pan rallado, el ajo silvestre y el aceite de oliva; salpimiéntelo. Con una cuchara, ponga un poco de la mezcla encima de cada mejillón hasta formar una cobertura.

Precaliente el grill del horno a la máxima potencia y cocine los mejillones durante 2-3 minutos hasta que la cobertura esté dorada. Sírvalos enseguida.

Salmón en papillote
con ajo silvestre

Cocinar pescado en papillote, es decir, envuelto en un papel vegetal o de aluminio, es una magnífica manera de conservar tanto el sabor como los jugos. Esta receta está hecha con salmón, pero se pueden usar otros pescados, como, por ejemplo, el róbalo. Acompáñelo con patatas platillo o puré de patatas y judías verdes para una cena elegante.

40 g de mantequilla, ablandada

10 g de hojas de ajo silvestre, picadas finamente

la raspadura de 1 limón

4 filetes de salmón (de unos 175 g cada uno)

2 cucharadas de vino blanco seco

sal y pimienta negra recién molida

4 trozos de papel vegetal de 30 x 30 cm

4 raciones

Precaliente el horno a 220 °C.

Mezcle la mantequilla, el ajo silvestre y la raspadura de limón.

Doble por la mitad cada trozo de papel vegetal. Coloque cada filete de salmón, con la piel hacia abajo, al lado del pliegue en el papel. Salpimiente, esparza una cuarta parte de la mantequilla de ajo silvestre y rocíe con una cuarta parte del vino cada filete de salmón. Doble el papel y haga pequeños pliegues para juntar y cerrar las esquinas.

Coloque cada papillote sobre una bandeja de horno y hornéelo durante 15 minutos hasta que se hinche. Sirva el salmón enseguida y abra cada papillote en la mesa.

Estofado de buey a la cerveza con dumplings de ajo silvestre

Un plato tradicional de estofado y dumplings, perfecto para una cena abundante cuando se desea algo calentito. Acompáñelo de verduras, como las Espinacas con ajo a la italiana (véase página 31).

700 g de carne de vacuno para estofar, cortada en dados

2 cucharadas de aceite de oliva

6 chalotas, blanqueadas y peladas

1 hoja de laurel

2-3 ramitas de tomillo fresco

2 zanahorias, peladas y troceadas

300 ml de cerveza negra

300 ml de caldo de buey o de pollo

1 diente de ajo entero, pelado

1 cucharada de perejil, recién picado

sal y pimienta negra recién molida

DUMPLINGS

125 g de harina leudante

75 g de sebo rallado

15 g de hojas de ajo silvestre, picadas finamente

agua fría, para mezclar

una cazuela refractaria con tapa

6 raciones

Precaliente el horno a 180 ºC. Deje la carne a temperatura ambiente.

Caliente una cucharada y media de aceite de oliva en una cazuela. Añada la carne y fríala hasta que se dore por todos lados. Retire la carne y resérvela.

Vierta el aceite de oliva restante en la cazuela y deje que se caliente. Incorpore las chalotas y fríalas hasta que estén ligeramente doradas.

Vuelva a poner la carne ya dorada en la cazuela y añada la hoja de laurel, el tomillo, las zanahorias, la cerveza negra, el caldo, el ajo y el perejil. Salpimiéntelos. Lleve la cazuela a ebullición. Tápela y cocine el estofado durante 1 hora 30 minutos en el horno precalentado hasta que la carne esté tierna.

Hacia el final de la cocción, haga los dumplings. En un cuenco mezcle la harina, el sebo y el ajo silvestre; salpimiéntelos bien. Añada el agua fría, 2-3 cucharadas cada vez, y forme una masa pegajosa. Haga seis dumplings redondos y uniformes.

Incorpore los dumplings a la cazuela y déjelos sobre la superficie del estofado. Tape la cazuela y vuélvala a meter en el horno durante otros 20 minutos, hasta que los dumplings estén hechos y hayan aumentado su tamaño. Sirva el estofado con los dumplings enseguida.

Solomillo de cerdo salteado con miso y ajo silvestre

El ajo silvestre tiene mucha afinidad con los sabores asiáticos, como el jengibre, la salsa de soja o la pasta de miso japonesa. Acompañado simplemente de arroz o fideos, este plato de carne de cerdo es una cena perfecta para hacer entre semana, pues se cocina en pocos minutos. Si lo desea, puede utilizar tofu en lugar de carne de cerdo.

1 cucharada de aceite de girasol o vegetal

1 cm de jengibre fresco, pelado y picado finamente

400 g de solomillo magro de cerdo, cortado en tiras de 1 cm

1 cucharada de vino de arroz o jerez amontillado

1 cucharada de salsa de soja oscura

1 cucharada de pasta de miso oscura

40 g de hojas de ajo silvestre, bien lavadas y cortadas en tiras de 2,5 cm

4 raciones

Caliente un wok. Añada el aceite y deje que se caliente. Agregue el jengibre y fríalo brevemente, removiéndolo, hasta que desprenda aroma.

Incorpore las tiras de carne de cerdo y fríalas, removiéndolas, hasta que brillen. Vierta el vino de arroz o el jerez, y deje que crepite brevemente. Agregue la salsa de soja y la pasta de miso y saltéelas durante 2-3 minutos.

Añada el ajo silvestre y saltéelo hasta que se ablande. Compruebe que la carne de cerdo esté hecha del todo y sírvala enseguida.

Si decide hacer una versión vegetariana de este plato, seque y corte en dados 400 g de tofu firme. Añádalo al wok cuando el jengibre desprenda aroma y saltéelo durante 2-3 minutos hasta que el tofu coja un poco de color. Después, siga la receta tal como se indica.

Patatas platillo fritas con ajo silvestre

Con este método tradicional de cocinar las patatas se obtiene una magnífica combinación de texturas, con una «costra» crujiente y el interior de la patata blando. Las patatas adoptan un sabor dulce de frutos secos gracias al ajo silvestre.

500 g de patatas platillo
2-3 cucharadas de mantequilla clarificada, o 2 cucharadas de aceite de oliva mezcladas con 2 cucharaditas de mantequilla
flor de sal, para sazonar

25 g de hojas de ajo silvestre (si no es temporada, utilice cebollino ajo), lavadas minuciosamente y cortadas en tiras de 2,5 cm

una sartén de fondo grueso con tapa para freír

4 raciones

Corte las patatas en trozos uniformes, más o menos de 2 x 3 cm.

Caliente la mantequilla clarificada en la sartén. Añada los trozos de patata, con la pulpa hacia abajo, y colóquelas en una sola capa en la sartén. Sazónelas con flor de sal y esparza las tiras de ajo silvestre por encima.

Tape la sartén y cueza las patatas a fuego medio sin tocarlas durante 30 minutos hasta que estén blandas y tiernas. Con cuidado, dé la vuelta a las patatas, muestre la parte crujiente y dorada y sírvalas con esta cara hacia arriba.

Puré de boniatos con ajo silvestre

El ajo silvestre aporta un pronunciado toque salado a los boniatos. Sírvalo con salchichas o pollo para una comida sabrosa. A medida que vaya pelando los boniatos, colóquelos en agua acidulada con un poco de vinagre o de zumo de limón para evitar la decoloración.

900 g de boniatos, pelados y cortados en trozos uniformes
3 ½ cucharadas de mantequilla
50 g de hojas de ajo silvestre, lavadas minuciosamente y picadas finamente

un chorrito de nata ligera
nuez moscada recién rallada
sal y pimienta recién molida

4 raciones

Hierva los boniatos en agua salada hasta que se ablanden; escúrralos bien y vuélvalos a poner en la olla. Derrita la mantequilla en una sartén pequeña, añada el ajo silvestre y cocínelo, removiéndolo, hasta que esté ligeramente blando.

Incorpore el ajo silvestre con la mantequilla y la nata ligera a los boniatos. Tritúrelos bien hasta obtener un puré. Sazónelos con pimienta negra recién molida y nuez moscada. Sírvalos enseguida.

Ajo festivo

Festivales dedicados al ajo

El ajo siempre ha levantado fuertes pasiones, tanto de amor como de odio. La convicción de quienes lo aman se demuestra por el gran número de festivales que homenajean este penetrante ingrediente en todo el mundo, desde Europa hasta Norteamérica. Entre los más famosos está el Gilroy Garlic Festival, que se celebra cada verano en la ciudad de Gilroy, en California, EE.UU. Fue el Dr. Rudy Melone quien, en 1978, tuvo la idea de celebrar un festival en honor a la cosecha del ajo. Le planteó su iniciativa a Don Cristopher, un agricultor local y exportador de ajo, y fundaron el festival. Su éxito fue tal que se ha convertido en uno de los mayores festivales de alimentación de Estados Unidos, que recauda grandes cantidades de dinero para organizaciones benéficas locales. Gestionado con brío y profesionalidad por parte de unos comprometidos voluntarios, el evento es una enorme fiesta temática sobre el ajo. Como cabe esperar, se ofrecen un sinfín de alimentos con sabor a ajo, que incluyen caimán al ajo, hamburguesas de ajo, calamares al ajo, pesto y un helado de ajo de autor. El Great Garlic Cook Off impulsa la creatividad culinaria con ajo; es un concurso abierto a cocineros aficionados de todo Estados Unidos que tienen que

crear recetas originales utilizando como mínimo seis dientes de ajo. Los chefs profesionales compiten en un enfrentamiento temático, donde dos cocineros compiten el uno contra el otro con recetas basadas en un ingrediente secreto.

El Gilroy Garlic Festival ha inspirado a otros festivales en otras partes del mundo, entre ellos el Isle of Wight Garlic Festival, celebrado en la isla británica desde 1983. El agricultor Colin Boswell, que había visitado Gilroy, sugirió montar un acontecimiento similar, y así nació este festival. Se trata de una singular combinación entre un festival pop sesentero y una feria rural, todo ello repleto de cualquier cosa relacionada con el ajo.

Como se puede suponer, los festivales dedicados al ajo se celebran normalmente en lugares donde se cultiva, lo que da la oportunidad a los agricultores de honrar y promover su tierra y el trabajo que conlleva su cultivo. Voghiera, en Italia, se ha destacado desde hace mucho tiempo por su ajo, que tiene unos grandes dientes de un color blanco brillante y un delicado sabor: en 2007 se le concedió la Denominación de Origen Protegida. Cada verano, las autoridades locales celebran la Fiera dell'Aglio di Voghiera DOP, que les da la oportunidad a los agricultores de vender su ajo al público y hablar sobre sus propiedades, a la vez que puede degustarse en platos tradicionales.

En Lautrec, Francia, a finales de verano se celebra un festival del famoso ajo rosa de este lugar. Tradicionalmente, el ajo se cultivaba a pequeña escala, pero en 1959 se fundó el espléndidamente llamado Syndicat de Défense du Label Rouge et de IGP Ail Rose de Lautrec, que promueve y protege esta especialidad local, a la que se le concedió, en 1996, la Indicación Geográfica Protegida (IGP). La Fête de l'Ail Rose es un pintoresco evento que se celebra en agosto desde 1970. Incluye actividades como el concurso de la trenza de ajo más larga y la oportunidad de degustar la sopa de ajo, un manjar local.

Wonton de pollo y cebollino ajo

Freír estos dumplings hasta que quedan crujientes los transforma en un apetitoso tentempié y, cuando se sirven con la salsa, son el perfecto acompañamiento para unas copas antes de cenar.

1 pechuga de pollo (de aprox. 140 g), finamente picada

4 cucharadas de cebollino chino fresco, finamente picado

una pizca de pimienta de Sichuan molida

1 cucharadita de salsa de soja suave

½ cucharadita de aceite de sésamo

16 envoltorios de wonton

aceite de girasol o vegetal, para freír

sal y pimienta negra recién molida

SALSA PARA MOJAR

2 cucharadas de vinagre de arroz negro chino

1 cucharadita de azúcar

1 diente de ajo, finamente picado

½ chile rojo, finamente picado (opcional)

4 raciones

Mezcle minuciosamente la carne picada de pollo, el cebollino chino, la pimienta de Sichuan, la salsa de soja y el aceite de sésamo. Salpiméntelos.

Mezcle los ingredientes de la salsa y resérvelos.

Coja un envoltorio de wonton y coloque una cucharadita de la mezcla de pollo en el centro. Pinte los extremos con un poco de agua fría y forme un saquito con el envoltorio manteniendo la mezcla en el interior; presiónelo bien para sellarlo correctamente. Resérvelo y repita el proceso con todos los envoltorios.

Caliente el aceite en un cazo grande hasta que esté muy caliente. Eche cuatro wonton al cazo y fríalos durante unos minutos, hasta que estén dorados por ambos lados, dándoles la vuelta a mitad de cocción para que se doren uniformemente. Retírelos con una espumadera y escúrralos sobre papel absorbente. Repita el proceso con los wonton restantes.

Sírvalos enseguida con la salsa.

Vieiras al vapor con ajo negro

Un lujoso plato de marisco, con el dulzor natural de la vieira, que crea un agradable contraste con el sabor ahumado y salado del aliño de ajo.

3 cucharadas de salsa de soja oscura

2 dientes de ajo negro, finamente picados

2 cm de jengibre fresco, pelado y finamente picado

1 cebolla tierna, finamente picada

12 vieiras

4 cucharadas de aceite de cacahuete o de girasol

2 dientes de ajo negro, finamente picados

una vaporera

4 raciones como aperitivo

Mezcle la salsa de soja, el ajo negro, el jengibre y la cebolla tierna en un cuenco y resérvelos.

Cocine las vieiras al vapor hasta que se vuelvan opacas y estén hechas por completo.

Caliente el aceite en una sartén pequeña, añada el ajo y fríalo, removiéndolo a menudo, hasta que desprenda aroma. Vierta el aceite caliente de ajo en la mezcla de salsa de soja, y fusiónelo bien para crear el aliño. Rocíe las vieiras al vapor con la vinagreta y sírvalas enseguida.

Risotto nero con gambas al ajo

Un risotto bien hecho es siempre un placer. El arroz negro, cocinado con tinta de calamar, condimentado con caldo de pescado y combinado con gambas, es un plato impresionante: es tan bueno como parece y es ideal para las cenas con amigos.

1 litro de caldo de pescado de buena calidad o casero

3 cucharadas de aceite de oliva

1 chalota, finamente picada

3 dientes de ajo, 2 finamente picados y 1 pelado pero entero

200 g de calamar, limpio y cortado en pequeños trozos

8 g de tinta de calamar

350 g de arroz para risotto

50 ml de vino blanco seco

25 g de mantequilla

12 gambas crudas, sin cabeza, peladas y limpias

sal

perejil fresco picado, para decorar

4 raciones

Vierta el caldo de pescado en una cacerola grande y hiérvalo a fuego lento.

Caliente dos cucharadas de aceite de oliva en un cazo de fondo grueso. Añada la chalota y el ajo picado y fríalos suavemente, removiéndolos, hasta que la chalota se haya ablandado. Añada el calamar y fríalo, y continúe removiéndolo hasta que esté blanco y opaco. Incorpore la tinta de calamar y luego el arroz. Vierta el vino y cocínelo todo, removiéndolo, hasta que se reduzca.

Añada un cucharón del caldo hirviendo al arroz y cuézalo, removiéndolo, hasta que se absorba. Repita el proceso hasta haber añadido todo el caldo y que el arroz esté hecho por completo. Pruébelo y ajuste la sazón de sal si es necesario. Incorpore la mantequilla y déjelo reposar brevemente.

Caliente el resto del aceite en una sartén. Cuando espume, añada el diente de ajo entero y fríalo, removiéndolo, hasta que desprenda aroma. Incorpore las gambas con una pizca de sal y fríalas, removiéndolas, hasta que se vuelvan rosadas y opacas y estén hechas por completo. Descarte el diente de ajo.

Sirva cada ración de risotto con las gambas encima y decorada con perejil.

Atún a la plancha con puré de judías al ajo y salsa gremolata

La gremolata —que tradicionalmente se sirve con ossobuco— también combina muy bien con pescado. En esta receta la textura firme del filete de atún contrasta agradablemente con el suave puré de judías, mientras que la gremolata añade un toque refrescante. Un magnífico plato para cenas con amigos.

800 g de judías de Lima en conserva
2 cucharadas de aceite de oliva
1 cebolla, finamente picada
1 diente de ajo, finamente picado
4 filetes de atún, de aprox. 200 g cada uno
sal y pimienta negra recién molida
aceite de oliva virgen extra, para decorar

GREMOLATA
2 dientes de ajo
una pizca de sal
la raspadura fina de 2 limones
6 cucharadas de perejil fresco, finamente picado

una sartén grill con rayas

4 raciones

Primero, haga la gremolata. Triture los dientes de ajo con una pizca de sal hasta obtener una pasta. Mézclelos con la raspadura de limón y el perejil, y resérvela.

Escurra las judías y reserve cuatro cucharadas del agua de estas. Caliente una cucharada de aceite en un cazo de fondo grueso. Añada la cebolla y el ajo, y fríalos suavemente, removiéndolos, hasta que se ablanden. Agregue las judías escurridas y el agua de las judías, y mézclelas. Tape el cazo y cuézalas suavemente 10 minutos, removiéndolas de vez en cuando. Tritúrelas hasta obtener un puré, salpimiéntelo y manténgalo caliente hasta el momento de servirlo.

Precaliente la sartén grill. Recubra los filetes de atún con el aceite de oliva restante y salpimiéntelos. Haga el atún a la plancha a su gusto (unos 2-3 minutos por lado), girando los filetes de vez en cuando para conseguir una cocción uniforme.

Ponga una cucharada de gremolata encima de cada filete de atún a la plancha y sírvalos sobre un lecho de puré de judías. Añada un poco de aceite de oliva virgen extra para dar sabor y jugosidad.

2 cucharadas de aceite
de oliva

2 chalotas, finamente
picadas

1 rama de apio, finamente
picado

2 dientes de ajo, picados

2 hojas de laurel

5 ramitas de tomillo

½ cucharadita de semillas
de hinojo

50 ml de Pernod o de vino
blanco seco

400 g de tomate troceado
en conserva

50 ml de zumo de naranja
recién exprimido

1 cucharadita de raspadura
de naranja

una pizca de hebras de
azafrán, molido y remojado
en 1 cucharada de agua
caliente

una pizca de copos de
pimienta aleppo

500 ml de caldo de pescado

un puñado de perejil, recién
picado, y un poco más para
decorar

500 g de filetes de pescado,
sin piel y cortados
en trozos

200 g de gambas crudas,
peladas, sin cabeza y
limpias

150 g de aros de calamar

sal y pimienta negra recién
molida

una cacerola para saltear

4 raciones

Guiso de pescado con ajo a la mediterránea

Un atractivo y colorido plato, perfecto para un caluroso día de verano e ideal para recibir invitados. Acompáñelo de rebanadas de pan para mojarlas en el aromático caldo.

Caliente el aceite de oliva en la cacerola para saltear. Añada las chalotas y fríalas suavemente, removiéndolas a menudo, hasta que se ablanden y estén ligeramente doradas. Agregue el apio, el ajo, las hojas de laurel, el tomillo y las semillas de hinojo y fríalos, removiéndolos, durante 2 minutos hasta que desprendan aroma.

Vierta el Pernod o el vino blanco y cocínelo, removiéndolo hasta que esté bastante reducido. Incorpore el tomate troceado y cocínelo, removiéndolo a menudo, hasta que espese y se reduzca. Agregue el zumo y la raspadura de naranja, el agua de azafrán y los copos de pimienta aleppo. Añada el caldo de pescado. Pruébelo y salpimiéntelo como corresponda. Añada el perejil y mézclelo.

Llévelo a ebullición y cocínelo durante 5 minutos. Añada el pescado, las gambas y los aros de calamar, y cocínelos a fuego lento hasta que estén hechos por completo; solo tardará unos minutos. Decore el plato con perejil y sírvalo enseguida.

Gua bao de cerdo estofado y ajo

De textura suave y acolchada, estos panecillos al vapor taiwaneses contrastan maravillosamente con el suculento y sabroso cerdo estofado.

CERDO ESTOFADO

1 cucharada de aceite

1 cebolla, finamente picada

2 dientes de ajo, picados

2 cm de jengibre fresco, pelado y picado

400 g de panceta de cerdo, cortada en dados de 2,5 cm

1 cucharada de pasta de soja coreana

1 cucharada de pasta de chiles coreana

1 cucharada de salsa de soja oscura

1 cucharada de vinagre de arroz o jerez semiseco

1 cucharadita de azúcar

300 ml de caldo de pollo o agua

GUA BAO (PANECILLOS AL VAPOR TAIWANESES)

250 g de harina común

2 cucharaditas de azúcar glas

½ cucharadita de levadura seca de acción rápida

½ cucharadita de levadura en polvo

¼ de cucharadita de sal

100 ml de agua caliente

50 ml de leche entera

2 cucharaditas de vinagre de vino blanco

zanahoria y cebolla tierna, cortadas en juliana, para decorar

una sartén grande o una cazuela grande con tapa

una vaporera

Para 8 panecillos

Primero haga el cerdo estofado. Caliente el aceite en una sartén o cazuela grande con tapa. Fría la cebolla, el ajo y el jengibre durante 2 minutos, removiéndolos, hasta que la cebolla se haya ablandado y la mezcla desprenda aroma. Añada los dados de panceta y fríalos, removiéndolos a menudo, hasta que la carne esté dorada.

Añada la pasta de soja y la de chile y mézclelas para recubrir bien la carne. Agregue la salsa de soja, el vino de arroz y el azúcar, y cuézalos, removiéndolos, durante 1 minuto. Añada el caldo o el agua y llévelo a ebullición.

Tape la sartén o cazuela, reduzca el fuego y cueza todo a fuego lento durante 1 hora hasta que la carne de cerdo esté tierna. Quítele la tapa, suba el fuego para llevar el líquido a ebullición y cuézalo destapado a fuego medio, removiéndolo a menudo, hasta que la salsa se haya reducido considerablemente. Reserve el cerdo.

Para hacer los gua bao, mezcle la harina, el azúcar, la levadura seca, la levadura en polvo y la sal en un cuenco grande. Añada el agua caliente, la leche y el vinagre, y mézclelos hasta formar una masa blanda. Amásela durante 10 minutos hasta que sea dúctil y suave.

Coloque la masa en un cuenco engrasado con aceite, cúbralo con papel film engrasado con aceite y déjelo reposar en un lugar cálido durante una hora para que suba.

En una superficie enharinada, coloque la masa y trabájela para formar una salchicha gruesa. Córtela en 8 trozos iguales y haga una bola con cada trozo. Haga un óvalo con cada bola, de más o menos 12 cm de largo. Doble cada óvalo por la mitad con un trocito rectangular de papel vegetal en medio. Cúbralos con papel film engrasado con aceite y déjelos reposar durante 20 minutos.

Forre una vaporera con papel vegetal engrasado con aceite. Cocine los panecillos al vapor por tandas, separados entre sí, durante 10 minutos o hasta que estén hechos por completo.

Manipule los panecillos calientes con cuidado y retire el papel vegetal. Rellene cada panecillo con carne de cerdo estofada, decórelos con zanahoria y cebolla tierna y sírvalos enseguida.

Cerdo asado con romero, ajo e hinojo

El oloroso romero, el aromático hinojo y el gustoso ajo son una buena combinación para este sencillo plato de cerdo asado lleno de sabor.

1,8 kg de lomo de cerdo, con incisiones marcadas en la piel para que quede crujiente, cortado a lo largo del espinazo*

1 cucharada de semillas de hinojo

1 cucharadita de aceite de oliva

2 dientes de ajo, pelados y cortados en láminas muy finas

3-4 ramitas de romero, cortadas en trozos cortos

sal y pimienta negra recién molida

*Nota: separar el lomo del espinazo es un corte difícil que ya está hecho en la carne de supermercado pero puede que necesite recortarlo si lo compra en la carnicería, o puede pedirle a su carnicero que lo haga.

4-6 raciones

Precaliente el horno a 220 ºC. Deje la carne de cerdo a temperatura ambiente.

Tueste en una sartén las semillas de hinojo hasta que desprendan aroma, déjelas enfriar y tritúrelas finamente.

Seque la carne de cerdo con papel absorbente. Sazónela con sal y mucha pimienta, restregando la sal en la piel.

Restriegue la carne de cerdo con el hinojo triturado y luego haga pequeñas incisiones en la carne. Unte la carne con aceite de oliva, y luego inserte las láminas de ajo y el romero en las incisiones. Coloque la carne en una fuente para horno.

Ase la carne de cerdo durante 15 minutos en el horno precalentado, luego reduzca la temperatura del horno a 180 ºC y áselo durante 1 hora 30 minutos más hasta que esté hecho por completo. Déjelo reposar en un lugar cálido durante 20 minutos antes de cortarlo. Sírvalo con los jugos de la cocción.

Higaditos de pollo con ajo y melaza de granada

En este clásico del Líbano, la melaza de granada y el zumo de limón aportan un toque ácido a este sencillo pero sabroso plato de suaves y tiernos hígados de pollo. Sírvalo como aperitivo o como parte de una comida a base de tapas.

3 cucharadas de aceite de oliva

1 diente de ajo, cortado a lo largo en láminas

400 g de hígados de pollo

1 cucharada de melaza de granada

un zumo recién exprimido de ½ limón

1 cucharada de arilos de granada (opcional)

sal y pimienta negra recién molida

perejil fresco picado, para decorar

pan, para servir

4 raciones

Caliente el aceite de oliva en una sartén grande. Añada las láminas de ajo y fríalas brevemente, removiéndolas, hasta que desprendan aroma. Incorpore los hígados de pollo y fríalos, removiéndolos a menudo, durante 3-5 minutos. No se pase de cocción con los hígados, ya que serían difíciles de comer. Salpimiéntelos.

Añada la melaza de granada y el zumo de limón a la sartén. Cocínelos brevemente, removiéndolos para recubrir los hígados con el líquido.

Sírvalos enseguida, decorados con arilos de granada, si lo desea, y perejil, acompañado de pan para mojar en los jugos.

Jarrete de cordero con ajo aromático y albaricoques

La cocción lenta es ideal para el jarrete de cordero. Esta receta proporciona grandes resultados con una carne tierna, aromática y especiada. Acompañe este sabroso cordero aromático con cuscús o arroz.

2 cucharadas de aceite de oliva

4 patas de cordero del mismo tamaño

2 cebollas, finamente picadas

2 dientes de ajo, picados

1 rama de apio, picada

1 zanahoria, pelada y cortada en láminas finas

1 rama de canela

1 cucharadita de jengibre en polvo

½ cucharadita de canela en polvo

una pizca de azafrán, molido y remojado en 1 cucharada de agua caliente

½ cucharadita de pimienta negra recién molida

3 cucharadas de puré de tomate

sal

12 orejones de albaricoque

1 cucharada de miel clara

½ cucharadita de agua de rosas (opcional)

3 cucharadas de almendras laminadas, tostadas

cilantro fresco picado, para decorar

una cazuela grande con tapa

4 raciones

Precaliente el horno a 150 °C.

Caliente una cucharada de aceite de oliva en una sartén grande. Añada las piernas de cordero y fríalas hasta que estén doradas por todos lados. Retírelas del fuego.

Caliente el aceite de oliva restante en una cazuela grande con tapa. Añada las cebollas, el ajo, el apio, la zanahoria y la rama de canela y fríalos suavemente, removiéndolos, hasta que la cebolla se haya ablandado y la mezcla desprenda aroma. Incorpore el jengibre, la canela en polvo, el agua de azafrán y la pimienta negra, y luego el puré de tomate. Añada las patas de cordero doradas y mézclelas para recubrirlas bien.

Vierta el agua suficiente para cubrir el cordero. Sálelo y llévelo a ebullición. Tape la cazuela y trasládela al horno precalentado para cocinar el cordero durante 2 horas; añada los orejones de albaricoque 30 minutos antes de terminar la cocción.

Cuando el cordero esté tierno y cocido, incorpore la miel y el agua de rosas, decórelo con las almendras laminadas y el cilantro picado y sírvalo enseguida.

Cordero asado con ajo y anchoas

Añadir unos sabores clásicos al cordero antes de asarlo es un sencillo paso que transforma el plato acabado. A medida que el cordero se cuece, los filetes de anchoa se «derriten» en el plato, añadiendo un toque de umami al cordero tierno. Acompáñelo de patatas platillo y brócoli, judías verdes o coles de Bruselas.

1 pierna de cordero, de aprox.
    1,5 kg
2 dientes de ajo, cortados en
    láminas muy finas
5 filetes de anchoa, cortados
    en trocitos
3 ramitas de romero fresco,
    cortadas en trocitos
40 g de mantequilla
150 ml de vino tinto
sal y pimienta fresca recién
    molida

JUGO
300 ml de caldo de pollo o
    agua

4-6 raciones

Precaliente el horno a 230 °C. Deje el cordero a temperatura ambiente.

Salpimiente el cordero. Con un cuchillo pequeño y afilado, haga pequeñas incisiones en la carne del cordero por todos los lados de la pierna. Coja un lámina de ajo, un trozo de anchoa y un trozo de romero e introdúzcalos en una incisión, asegurándose de presionar bien el ajo contra la carne. Repita el proceso hasta utilizar todas las láminas de ajo.

Triture las anchoas y las hojas de romero restantes con la mantequilla. Coloque el cordero en una fuente para horno y úntelo con la mantequilla. Rocíe el cordero con el vino tinto.

Ase el cordero en el horno precalentado durante 15 minutos. Reduzca la temperatura del horno a 180 °C y áselo durante 45 minutos más para que quede en su punto o 30-35 minutos para que esté poco hecho, remojándolo de vez en cuando con los jugos de la cocción.

Retírelo del horno y déjelo reposar en un lugar cálido durante 30 minutos.

Para hacer el jugo, desglase la fuente para horno, colóquela sobre los fogones, añada el caldo o el agua y llévelos a ebullición. Con una cuchara de madera, rasque los residuos marrones pegados a la fuente para que se mezclen con el líquido y le den sabor.

Sirva el cordero con el jugo de cocción al lado.

Índice

A

afrodisíaco: 65
aguacates: ensalada tricolor con ajo negro 44
ajo ahumado 9
  baba ghanoush con ajo ahumado 91
  cerdo desmenuzado al ajo ahumado 28
ajo asado: buñuelos de bacalao salado y ajo asado 23
  crema de ajo asado y remolacha 18
  focaccia de romero y ajo asado 39
  hamburguesas de cerdo y ajo asado 56
  labneh de hierbas y ajo asado 36
  macarrones con queso y ajo asado 71
  pastel de pescado con ajo asado 72
  salsa tártara de ajo asado 23
  tarta de ajo asado y cangrejo 21
  tartiflette con ajo asado 69
ajo cañete *véase* ajo silvestre
ajo castañuelo *véase* ajo silvestre
ajo de oso *véase* ajo silvestre
ajo en conserva 9
ajo fresco 8
  almacenamiento 12
  guisantes con ajo a la francesa 60
ajo frito 9
ajo negro 8-9
  ensalada tricolor con ajo negro 44
  panceta asada con sidra y ajo 75
  vieiras al vapor con ajo negro 139
ajo silvestre 9
  estofado de buey a la cerveza con dumplings de ajo silvestre 127
  mejillones gratinados con ajo silvestre 123
  panecillos de ajo silvestre 115
  pasta primavera con ajo silvestre 120
  patatas platillo fritas con ajo silvestre 131
  pesto de ajo silvestre y avellanas 112
  puré de boniatos con ajo silvestre 131

salmón en papillote con ajo silvestre 124
scones de queso y ajo silvestre 119
solomillo de cerdo salteado con miso y ajo silvestre 128
tarta de queso de cabra y ajo silvestre 116
ajoblanco 43
albaricoques, jarrete de cordero con ajo aromático y 152
albóndigas: albóndigas con cebollino ajo 101
  albóndigas indias con ajo y especias 106
alicina 34
almacenar ajo 12-13
almejas: spaghetti alle vongole 48
almendras: ajoblanco 43
  brócoli baby con ajo y almendras 60
  chutney de hierbas y ajo 89
anchoas: cordero asado con ajo y anchoas 155
arroz: pilaf con ajo 59
  risotto nero con gambas al ajo 140
atún: atún a la plancha con puré de judías al ajo y salsa gremolata 143
avellanas: pesto de ajo silvestre y avellanas 112
azafrán: brochetas de pollo, ajo y azafrán 55
  pilaf con ajo 59

B

baba ganush con ajo ahumado 91
bacalao: buñuelos de bacalao salado y ajo asado 23
baked beans con ajo a la española 77
beicon: baked beans con ajo a la española 77
  ñoquis con ajo, setas y beicon 20
  tartiflette con ajo asado 69
beneficios para la salud 34-35
berenjenas: baba ghanoush con ajo ahumado 91
boeuf bourguignon 81
boniatos: puré de boniatos con ajo silvestre 131
borlotti, judías: baked beans con ajo a la española 77
brochetas de pollo, ajo y azafrán 55

brócoli baby con ajo y almendras 60
buey/ternera: albóndigas indias con ajo y especias 106
  boeuf bourguignon 81
  bulgogi 105
  estofado de buey a la cerveza con dumplings de ajo silvestre 127
bulgogi 105
buñuelos de bacalao salado y ajo asado 23

C

cabra y ajo silvestre, tarta de queso de 116
calabacín: muffins verdes con ajo 40
calamar: guiso de pescado con ajo a la mediterránea 144
  risotto nero con gambas al ajo 140
caldo de pollo 70
cangrejo: tarta de ajo asado y cangrejo 21
cebollino ajo: albóndigas con cebollino ajo 101
  wonton de pollo y cebollino ajo 136
cebollino chino: albóndigas con cebollino ajo 101
  gambas con cebollino chino en flor 24
cebollino *véase* cebollino chino; cebollino ajo
cerdo: albóndigas con cebollino ajo 101
  cerdo desmenuzado al ajo asado 28
  cerdo asado con romero, ajo e hinojo 148
  gua bao de cerdo estofado y ajo 147
  hamburguesas de cerdo y ajo asado 56
  panceta asada con sidra y ajo 75
  solomillo de cerdo salteado con miso y ajo silvestre 128
cerveza: estofado de buey a la cerveza con dumplings de ajo silvestre 127
chiles: espaguetis con ajo, aceite y pepperoncino 95
  gambones con ajo y chile a la malaya 96
chutney de hierbas y ajo 89

cilantro: chutney de hierbas y ajo
89
    ensalada tailandesa de gambas
    y pomelo con aliño de ajo y
    hierbas 47
ciruelas: panceta asada con sidra
    y ajo 75
comprar ajo 12
cordero: cordero asado con ajo y
    anchoas 155
    jarrete de cordero con ajo
    aromático y albaricoques 152
cosechar ajo 111
crema agria *véase* nata
cultivar ajo 87, 110-111

D
dip de habas y ajo 17
dips: baba ghanoush con ajo
    ahumado 91
    dip de habas y ajo 17
    hummus 14
    salsas para mojar 101, 105, 136
    tzatziki 55
dumplings de ajo silvestre 127

E
elefante, ajo 8
ensaladas: ensalada tailandesa
    de gambas y pomelo con aliño
    de ajo y hierbas 47
    ensalada tricolor con ajo negro
    44
espaguetis: espaguetis con ajo,
    aceite y pepperoncino 95
    spaghetti alle vongole 48
espárragos: pasta primavera con
    ajo silvestre
espinacas con ajo a la italiana 31
estofados/guisos: boeuf
    bourguignon 81
    estofado de buey a la cerveza
    con dumplings de ajo silvestre
    127
    guiso de pescado con ajo a la
    mediterránea 144

F
festivales 134-135
fettunta 66
Filaree Garlic Farm, Omak,
    Washington 86-87
focaccia de romero y ajo asado
    39
folclore 64-65

G
gambas al ajillo 51
gambas con cebollino chino en
    flor 24

gambas: ensalada tailandesa de
    gambas y pomelo con aliño de
    ajo y hierbas 47
gambas al ajillo 51
gambas con cebollino chino en
    flor 24
gambones con ajo y chile a la
    malaya 96
guiso de pescado con ajo a la
    mediterránea 144
pastel de pescado con ajo
    asado 72
risotto nero con gambas al ajo
    140
garbanzos: hummus 14
gazpacho blanco 43
granada, higaditos de pollo con
    ajo y melaza de 151
gremolata 143
gua bao de cerdo estofado y ajo
    147
guisantes: guisantes con ajo
    a la francesa 60
    pasta primavera con ajo
    silvestre 120
guiso de pescado con ajo a la
    mediterránea 144

H
habas: dip de habas y ajo 17
hamburguesas de cerdo y ajo
    asado 56
hierbas y ajo, chutney de 89
higaditos de pollo con ajo y
    melaza de granada 151
historia del ajo 34
huevos: pastel de pescado con
    ajo asado 72
hummus 14

I
italianas con lentejas al ajo,
    salchichas 78
italiana, espinacas con ajo a la 31

J
judías de Lima: atún a la plancha
    con puré de judías al ajo y salsa
    gremolata 143
judías verdes: pasta primavera
    con ajo silvestre 120

K
kimchi con nata de ajo negro,
    tortitas de 92

L
La Maison de l'Ail, Saint-Clar Gers
    87
labneh de hierbas y ajo asado 36

lechuga: guisantes con ajo a la
    francesa 60
lentejas: salchichas italianas con
    lentejas al ajo 78
limas: pollo con ajo y lima 52

M
macarrones con queso y ajo
    asado 71
malaya, gambones con ajo y chile
    a la 96
manos, eliminar el olor 12
mantequilla de ajo 82
mantequilla de cacahuete: salsa
    picante de cacahuete y ajo 88
mayonesa: salsa tártara de ajo
    asado 23
medicina ayurvédica 34, 65
medicina china 34
mejillones gratinados con ajo
    silvestre 123
muffins verdes con ajo 40

N
nata de ajo negro 92

Ñ
ñoquis: ñoquis con ajo, setas y
    beicon 20

O
oca, patatas asadas con ajo y
    grasa de 31
olor a ajo 13, 64

P
pan: ajoblanco 43
    fettunta 66
    focaccia de romero y ajo asado
    39
    panecillos de ajo silvestre 115
    sopa de ajo 70
panceta asada con sidra y ajo
    75
panecillos de ajo silvestre 115
pasta: espaguetis con ajo, aceite
    y pepperoncino 95
    macarrones con queso y ajo
    asado 71
    pasta primavera con ajo
    silvestre 120
    spaghetti alle vongole 48
pastel de pescado con ajo asado
    72
patatas: buñuelos de bacalao
    salado y ajo asado 23
    pastel de pescado con ajo
    asado 72
    patatas asadas con ajo y grasa
    de oca 31

patatas platillo fritas con ajo silvestre 131
tartiflette con ajo asado 69
pepino: tzatziki 55
perejil: pesto de perejil 23
salsa picante de cacahuete y ajo 88
pescado: guiso de pescado con ajo a la mediterránea 144
pastel de pescado con ajo asado 72
pescado a la tailandesa con ajo frito 99
pesto: pasta primavera con ajo silvestre 120
pesto de ajo silvestre y avellanas 112
pesto de perejil 23
pilaf, ajo 59
pistachos: muffins verdes con ajo 40
pollo: brochetas de pollo, ajo y azafrán 55
caldo 70
pollo a los 40 dientes de ajo 27
pollo asado con mantequilla de ajo 82
pollo con ajo frito a la tailandesa 102
pollo con ajo y lima 52
wonton de pollo y cebollino ajo 136
pomelo: ensalada tailandesa de gambas y pomelo con aliño de ajo y hierbas 47
preparar ajo 12-13
puerro salvaje *véase* ajo silvestre

Q
queso: dip de habas y ajo 17
ensalada tricolor con ajo negro 44
macarrones con queso y ajo asado 71

muffins verdes con ajo 40
scones de queso y ajo silvestre 119
tarta de queso de cabra y ajo silvestre 116
tartiflette con ajo asado 69

R
ramps *véase* ajo silvestre
remolacha: crema de ajo asado y remolacha 18
romero: cerdo asado con romero, ajo e hinojo 148
focaccia de romero y ajo asado 39

S
sal de ajo 9
salchichas: salchichas italianas con lentejas al ajo 78
salmón: salmón en papillote con ajo silvestre 124
salsa espesa 82
salsa picante de cacahuete y ajo 88
salsas: salsa espesa 82
salsa tártara de ajo asado 23
scones de queso y ajo silvestre 119
setas: boeuf bourguignon 81
ñoquis con ajo, setas y beicon 20
sopa de ajo 70
sopas/cremas: ajo blanco 43
crema de ajo asado y remolacha 18
sopa de ajo 70
South West Garlic Farm, Dorset 86

T
tahini: hummus 14
tailandés, pescado con ajo frito al estilo 99

tailandés, pollo con ajo frito al estilo 102
tailandesa, ensalada de gambas y pomelo con vinagreta de ajo y hierbas 47
tallos de ajo 9
tarta de queso de cabra y ajo silvestre 116
tártara de ajo asado, salsa 23
tartas: tarta de ajo asado y cangrejo 21
tarta de queso de cabra y ajo silvestre 116
tartiflette con ajo asado 69
tomates: albóndigas indias con ajo y especias 106
ensalada tricolor con ajo negro 44
gambones con ajo y guindilla al estilo malayo 96
guiso de pescado con ajo al estilo mediterráneo 144
judías cocidas con ajo al estilo español 77
tortitas de kimchi con nata de ajo negro 92
triturar ajo 12
tzatziki 55
usos medicinales 34-35
uva: ajo blanco 43

V
vampiros 64-65
vieiras al vapor con ajo negro 139
vinagreta de ajo y hierbas 47
vino: boeuf bourguignon 81

W
wonton crujientes de pollo y cebollino ajo 136

Y
yogur: labneh de hierbas y ajo asado 36
tzatziki 55

Créditos fotográficos

Todas la fotografías son de Clare Winfield excepto las siguientes:

12 Lynn Keddie/Getty Images
13ai karandaev/Getty Images
13ad HandmadePictures/Getty Images
13bd Gus Filgate
34 Kent Chan/EyeEm/Getty Images
35 Dario Sartini/Getty Images
64i Tim Graham/Getty Images

64d ManuelVelasco/istock
65 Lucinda Symons
86 rdparis22/Getty Images
87 eag1e/Getty Images
95 Ian Wallace
110i-11i David Merewether and Caroline Hughes

111d Erin Kunkel
134 Jeremy Woodhouse/Getty Images
135a Danita Delimont/Getty Images
135b Krzysztof Dydynski/Getty Images

Leyenda: a = arriba; a = abajo;
d = derecha; i = izquierda

Agradecimientos

Mi más afectuoso agradecimiento a mi familia y amigos por darme su opinión y apoyarme durante las pruebas de las recetas con ajo para este libro.

Muchas gracias a Nicola Lando del excelente Souschef y a los maravillosos colaboradores John y Elena de Spa Terminus y Parkway Greens, por su ayuda a la hora de procurarme los ingredientes. También gracias a los comprometidos cultivadores de ajo Mark Botwright de Southwest Garlic Farm, los Gamot de La Maison de l'Ail y Alley Swiss de Filaree Garlic Farm.

Un libro es un trabajo en equipo y trabajar con Ryland Peters and Small es siempre un placer. Gracias, Cindy Richards y Julia Charles por encargarme este libro sobre un ingrediente que adoro y gracias a Gillian Haslam y Alice Sambrook por su trabajo de edición. Es un libro precioso: gracias a Clare Winfield por sus deliciosas fotografías culinarias, a Rachel Wood por el estilismo culinario, a Jo Harris por su asistencia de estilismo y a Sonya Nathoo por la dirección artística y el diseño.

JENNY LINFORD es una escritora culinaria establecida en Londres y es miembro del Guild of Food Writers. Es autora de varios libros, entre los que encontramos *The Tomato Basket* y *The Creamery Kitchen*, y es editora general de *1001 Restaurants You Must Experience Before You Die*. Sus artículos se han publicado en numerosos periódicos y revistas, entre los que encontramos el *Financial Times*, *National Trust Magazine*, *Great British Food* y *Modern Farmer*. Siempre está feliz en presencia de buena comida.

CLARE WINFIELD es una fotógrafa especializada en alimentos. Su trabajo ha aparecido en las revistas *delicious* y *Esquire*, entre otras. Asimismo, ha realizado la fotografía de diversos libros publicados en el Reino Unido.